RECLAM⬚
Denkraum

Johannes Müller-Salo

Offene Rechnungen

Der kalte Konflikt der
Generationen

RECLAM≣
Denkraum

2022 Philipp Reclam jun. Verlag GmbH,
Siemensstraße 32, 71254 Ditzingen
Umschlaggestaltung: Herr K | Jan Kermes
Druck und Bindung: CPI books GmbH, Birkstraße 10, 25917 Leck
Printed in Germany 2022
RECLAM ist eine eingetragene Marke
der Philipp Reclam jun. GmbH & Co. KG, Stuttgart
ISBN 978-3-15-011400-1

Auch als E-Book erhältlich

www.reclam.de

Inhalt

Sorglose Jugendzeit – voller Zukunftsangst

Die Lage ist besorgniserregend. Viele Jüngere haben das Gefühl, mit dem Rücken zur Wand zu stehen: Im September 2021 erhielt eine Befragung von 10 000 jungen Menschen zwischen 16 und 25 Jahren aus Ländern des globalen Nordens wie des globalen Südens einige mediale Aufmerksamkeit: 75 Prozent der Befragten stimmten der Aussage zu, dass die Zukunft beängstigend sei. 56 Prozent sahen die Menschheit »dem Untergang geweiht«. Mehr als 45 Prozent der Befragten gaben an, dass sich ihre Sorge um das Klima negativ auf ihren Alltag auswirke. 39 Prozent sagten aus, dass sie aufgrund des Klimawandels zögerten, selbst Kinder zu bekommen.[1] Für viele Jüngere ist die Klimakrise schon längst kein abstraktes Problem mehr, sondern eine konkrete und sehr persönliche Belastung.

Um die Rente steht es nicht viel besser. Im Sommer 2021 gaben in einer Umfrage 53 Prozent der Befragten zwischen 18 und 39 Jahren an, der Aussage: »Meine Generation wird (wahrscheinlich) keine gesetzliche Rente erhalten« eher oder vollständig zuzustimmen.[2]

Wer angesichts solcher Ergebnisse vor Streit zwischen den Generationen warnt, fordert vor allem die Jüngeren auf, ihre Sorgen für sich zu behalten. Sie sollen den Älteren bitte nicht mit lästigen Nachfragen und Diskussionen auf die Nerven gehen.

Das darf nicht sein. Seit Jahrzehnten verschärft sich, unausgesprochen und unübersehbar, der Konflikt zwischen den Generationen. Es wird Zeit, ihn offen auszutragen.

Alte, Junge und drängende Fragen

Einfach war es nie. Das Verhältnis der Generationen prägen seit jeher latente Spannungen und offene Konflikte, Missverständnisse und bewusstes Nichtverstehen. Die Jüngeren stellen die Anschauungen und den Lebensstil ihrer Eltern infrage und schaffen sich dadurch nicht zuletzt einen eigenen Platz in der Welt. Die so bedrängten Älteren revanchieren sich mit einer allgemeinen Klage über den Verfall und die Sittenlosigkeit der Jugend. Im 5. Jahrhundert v. Chr. soll schon Sokrates gesagt haben: »Die Jugend von heute liebt den Luxus, hat schlechte Manieren und verachtet die Autorität. Sie widerspricht ihren Eltern, legt die Beine übereinander und tyrannisiert ihre Lehrer.«

Das Zitat ist außerordentlich beliebt – und falsch. Es geistert durch Bücher und durchs Netz. Belegen lässt es sich nicht. Die falsche Zuschreibung als solche zeigt aber, welch große Zustimmung der formulierte Gedanke findet: Eine Generation versteht die nächste nicht mehr. Das wissen alle, das fühlen alle, da kann es doch selbst dem weisen Sokrates kaum anders ergangen sein!

Sokrates wurde von einem Athener Volksgericht zum Tode durch den Schierlingsbecher verurteilt. Der Vorwurf: »Sokrates frevle [...], indem er die Jugend verderbe.«[3]

Die Erfinder des falschen Zitats hatten offenkundig kein Problem damit, die eigene Klage über die verdorbene Jugend einem verurteilten Jugendverderber anzudichten. In zugespitzter Form zeigt sich hier die Zweideutigkeit jeder moralischen Verurteilung der nachfolgenden Generationen. Müsste das Urteil der Älteren nicht zuallererst als Selbstanklage interpretiert werden? Wer hat die Jugend denn erzogen oder es eben versäumt, sie richtig zu erziehen? Einfach war es nie, wenigstens das wusste sicher auch Sokrates schon.

Im Folgenden wird es um das wechselseitige Verhältnis zwischen den heute lebenden Generationen gehen. Wie jede Zeit hat auch unsere Gegenwart ihren Generationenkonflikt, kennt sie das Wechselspiel aus Belehrung, Trotz und Unverständnis.

Doch zugleich prägt unsere Gegenwart ein Konflikt, der das übliche Maß an Rangeleien zwischen Älteren und Jüngeren übersteigt. Es geht um mehr als voneinander abweichende Vorstellungen von gutem Benehmen, Haarlänge und angemessener Kleidung. Es geht um den Egoismus einzelner Generationen auf Kosten anderer. Es geht um materielle Ressourcen und ums Geld. Nach Meinung vieler geht es letztlich um den Planeten selbst, seine Bewohnbarkeit und die Möglichkeit einer lebenswerten Zukunft. Zwischen den gegenwärtig lebenden Generationen häufen sich die offenen Rechnungen und ungelösten Probleme. Keines dieser Probleme ist neu. Längst kennen alle die Größe der Rechnungen und wissen darum, dass jemand sie bezahlen muss.

Angesichts dessen überrascht die allseits herrschende Ruhe. Der zwischen den Generationen schwelende Konflikt ist bisher kalt geblieben. Doch das kann sich ändern. Der Konflikt kann offen ausbrechen. Die jüngeren Generationen haben allen Grund dazu, sich genau das zu wünschen.

Von den vielen Dimensionen dieses Konflikts handelt dieses Buch. Gezeigt wird, wer warum wofür in der Verantwortung steht und wie der Problemberg beseitigt, zumindest teilweise abgetragen werden kann, der sich zwischen den Generationen aufgetürmt hat.

Ist dieses Buch aus Sicht der Jüngeren geschrieben? Ja und nein. Ich zeichne nach, wie sich der Konflikt für die Jüngeren darstellt. Doch zugleich geht es um mehr: Es kann kein Zweifel daran bestehen, dass die gegenwärtigen Verhältnisse zwischen den Generationen ungerecht sind. Die Jüngeren werden in unserer Gegenwart systematisch benachteiligt, teilweise geradezu ausgebeutet. Jedes unparteiische Urteil über den Konflikt der Generationen muss daher ein Urteil zu ihren Gunsten sein.

Wir leben alle wie auf einem Bauernhof

Vor allem im Westen und Nordwesten Deutschlands prägen große Bauernhöfe die Landschaft jenseits der Städte. Die Bauernhäuser sind oft eindrucksvolle und stolze Gebäude aus Ziegelstein und Fachwerk. Sie beherrschen den Hof, um den herum sich eine Reihe weiterer Wirtschaftsgebäude gruppiert. Rund um den Hof erstrecken sich die bewirtschafteten Flächen.

Ein solcher Bauernhof veranschaulicht das Verhältnis der Generationen zueinander. Als Wirtschaftseinheit setzt er sich aus vielen einzelnen Elementen zusammen, um die es besser oder schlechter bestellt ist. Gibt eine Generation den Hof an die nächste weiter, um sich selbst aufs Altenteil – heutzutage oft eher ein Einfamilienhaus als eine Hütte – zurückzuziehen, wird es Zeit für eine gemeinsame Bilanz. Die jüngere Generation, die von ihren Eltern den Hof übernimmt, hat einiges zu beanstanden. Manchen Bäumen im Obstgarten geht es nicht mehr gut. Hätten die Älteren nicht schon vor Jahren neue pflanzen sollen, damit junge Bäume rechtzeitig erste Früchte tragen, wenn einige der älteren Bäume endgültig aufgegeben und geschlagen werden müssen? Das Dach der Scheune, in der der Fuhrpark steht, ist dringend renovierungsbedürftig. Immer wieder holte der Herbst einige Ziegel vom Dach, an mehreren Stellen regnet es herein. Der Schweinestall wurde trotz einiger Bitten und Ermahnungen der jüngeren, nun den Hof übernehmenden Generation nicht nach den Maßgaben ökologischer, artgerechter Haltung umgebaut. Dabei zeichnet sich doch ab, dass in dieser Haltungsform die Zukunft liegt und dass die wichtigen EU-Fördergelder zunehmend auch nach Kriterien der Artgerechtigkeit vergeben werden.

Läuft es gut, kann sich das ältere Bauernpaar die Kritik entspannt anhören und die Mängelliste gelassen zur Kenntnis nehmen. Denn es kann darauf verweisen, dass zum einen die verfügbaren Mittel endlich und dass zum anderen ihre Leistungen aller Ehren wert gewesen sind. Entsprechend können die Altbauern ihre Erfolge aufzählen: Die neuen Melkmaschinen und der damit einhergehende Umbau der einen Stallseite werden den Jüngeren noch lange von Nutzen sein. Gleiches gilt für den erst vor fünf Jahren angeschafften Mähdrescher, einen Koloss aus Stahl und Technik, der noch viele Jahre lang die Ernte sicher von den Feldern holen wird. Und damit nicht genug: Haben die Jüngeren denn vergessen, dass schon vor zehn Jahren das Haupthaus energetisch saniert und dabei die alte Fachwerkfassade aufwendig restauriert wurde, so dass, nach menschlichem Ermessen, für das Haus auf Jahrzehnte kein großes Geld mehr in die Hand genommen werden muss?

Das Gespräch setzt sich vermutlich über Jahre hinweg fort, wie auch die Übergabe des Hofes von einer Generation an die nächste in kleinen Schritten vollzogen wird. Allen Beteiligten ist klar, dass alle Teile des Hofes in die Diskussion einbezogen werden müssen. Der Jungbauer verhält sich gegenüber seinen Eltern ungerecht, wenn er den Zustand des baufälligen Scheunendachs lautstark beklagt, die kostspielige Sanierung des

Haupthauses aber stillschweigend übergeht. Die Tochter kann der Meinung sein, dass die Umstellung der Schweinemast nach Kriterien artgerechter Haltung wichtiger gewesen wäre als die Anschaffung der neuen Melkmaschinen. Ihre Eltern können dem entgegenhalten, dass sie sich nun einmal anders entschieden haben. Die Tochter hätte am Ende also keinen guten Grund zur Klage: Alle sollten sich darüber einig sein, dass die Melkmaschinen früher oder später hätten erneuert werden müssen.

Ältere und Jüngere können nicht auf den Euro genau ausrechnen, welche Investitionen sich in welchem Maß gelohnt haben. Dennoch können die Jüngeren zu der Auffassung gelangen, dass ihre Eltern, alles in allem, ihrer Verantwortung gerecht geworden sind. Sicher, sie selbst hätten manches anders gemacht, aber schließlich war der Hof bisher nicht ihr Hof. Zumindest ist am Engagement der Eltern für die gemeinsame Sache nicht zu zweifeln.

Man kann sich aber auch eine andere ältere Generation als Besitzer des Bauernhofes vorstellen. Diese Generation bemerkt, dass nicht nur in der Scheune, sondern auch im Haupthaus das Gebälk morsch geworden ist und der Erneuerung bedarf. Der Investitionsstau ist nicht zu übersehen, weder beim Fuhrpark noch in der Ausstattung der Ställe. Doch noch strömen die Einnahmen. Ist ein Gerät defekt, lässt es sich notdürftig flicken. Jede unterlassene Investition in den Hof spart Geld – und Geld ist doch so nützlich. In der Stadt wird man es immer los, und außerdem muss ja das Altenteil herausgeputzt werden. Es soll kein Häuschen sein, es muss ein repräsentativer Ruhesitz werden, mit Pool im Garten und einer großen Garage. Der SUV, in den man auch hochbetagt so angenehm leicht einsteigen kann, braucht schließlich Platz.

Die Jungbauern, die einen solchen Hof übernehmen: Haben sie nicht allen Grund, sich zu beschweren, wenn ihnen das Wasser durchs lecke Dach ins Obergeschoss tropft, während der Wind Stimmengewirr und Musik von der Terrasse des Altenteils herüberträgt, auf der die Altbauern ihr wöchentliches Barbecue genießen?

Wir alle leben in der Gegenwart mehr oder weniger auf einem Bauernhof der letzteren Art. Auch die geschilderte Rollenverteilung geht mehr oder weniger auf. Der Konflikt ist unübersehbar, der Vorwurf liegt auf der Hand. Man kann sich nur wundern: Warum bleiben die Jungbauern so still und jagen die Alten wegen ihres verantwortungslosen Handelns nicht kurzerhand vom Hof?

Querschnitt und Konflikt. Zwei Thesen

Die beschriebenen Bauernhöfe veranschaulichen die beiden zentralen Thesen dieses Buches. Die erste These besagt, dass Gerechtigkeit zwischen den Generationen ein Querschnittsproblem ist. Was ist damit gemeint? Die große Aufgabe, gerechte Verhältnisse zwischen den Generationen herzustellen, muss in verschiedenen Politikfeldern und gesellschaftlichen Kontexten angegangen werden. Beim Verhältnis der Generationen zueinander geht es nicht allein ums Klima, die Rente oder die Schulden. Es geht um alles zusammen. Das Verhältnis der auf dem Bauernhof lebenden Generationen zueinander wird schließlich auch nicht dadurch bestimmt, dass man nur auf den Zustand des Bauernhauses oder der Agrartechnik schaut. Der Zustand des Hauses kann hervorragend sein und die Gesamtbilanz dennoch ernüchternd ausfallen. Erst aus der Zusammenschau aller Elemente ergibt sich ein schlüssiges Bild, das ein Urteil über die Gerechtigkeit oder Ungerechtigkeit der Zustände erlaubt.

Eine den Beziehungen zwischen den Generationen gewidmete Politik gleicht damit der Gleichstellungspolitik oder dem Kampf gegen Diskriminierungen. Auch hier lassen sich einzelne Maßnahmen nicht isoliert voneinander betrachten. Ein be-

lastbares Lagebild entsteht nur, wenn verschiedenste Politikfelder zusammengedacht werden. Kurz: Querschnittsthemen
verlangen kombinierende Analysen.

Die Zusammenschau birgt eine Schwierigkeit, die sich im
Bild des Bauernhofes andeutet. Es fehlt in vielen Fällen der gemeinsame Nenner, der es ermöglicht, Vor- und Nachteile direkt
miteinander in Beziehung zu setzen und zu vergleichen. Wiegt
die energetische Sanierung des Haupthauses wirklich den unterlassenen Umbau des Stalls und die nicht gepflanzten Obst-
bäume auf? In einem solchen Fall kann vielleicht noch gerech-
net werden. Doch ist man auch hier schon auf Schätzungen angewiesen, die etwa zukünftige Erträge und Wertentwicklungen
betreffen.

Vollends verbieten sich einfache Gegenüberstellungen auf
gesellschaftlicher Ebene. So lässt sich ein gegen die demographische Entwicklung abgesichertes Rentensystem nicht einfach
mit unterlassenem Umweltschutz verrechnen. Gefragt ist vielmehr die moralische wie politische Urteilskraft, die die einzelnen Maßnahmen und Unterlassungen zueinander in Beziehung
setzt. Die im Urteilen genutzten Argumente können besser
oder schlechter sein. Angesichts der Komplexität der Verhältnisse zwischen den Generationen bleibt immer Raum für Zweifel. Eben deswegen kommt es darauf an, Argumente möglichst
präzise zu formulieren. Wenn andere ein Urteil auch nicht teilen, so sollten sie doch immer nachvollziehen können, wie es
zustande gekommen ist.

Es geht im Verhältnis der Generationen um weit mehr als
bloß um materielle und finanzielle Fragen. Das verkompliziert
Urteile über intergenerationelle Gerechtigkeit und Ungerechtigkeit. Eine Generation hinterlässt einer kommenden Generation etwa auch ein gesellschaftliches Klima sowie einen Bestand
kultureller Praktiken und Überzeugungen. Eine Generation
entscheidet durch die Ausgestaltung des Bildungssystems darüber, in welchem Glauben, mit welchen Ideen und Hoffnungen

die nächste Generation aufwächst, welches Wissen sie erhält. Schließlich übergibt eine Generation der nächsten ein politisches und rechtliches System, Regeln der gesellschaftlichen Konfliktlösung und Verfahren der Entscheidungsfindung. In all diesen Kontexten kann und muss die Frage nach der Gerechtigkeit in den Beziehungen zwischen den Generationen gestellt werden. Die Herausforderungen, die ein Problem mit sich bringt, das im Querschnitt durch viele Politikfelder angegangen werden muss, sind also nicht zu unterschätzen.

Die zweite These dieses Buches ist bereits angesprochen worden: Jedes plausible Urteil über die gegenwärtigen Beziehungen zwischen den Generationen wird große Ungerechtigkeiten feststellen. An der Existenz eines massiven Konflikts der Generationen, der sich durch alle großen politischen Themen von der Klima- und Umweltpolitik über die Renten- und Wohnungspolitik bis hin zur Finanz- und Bildungspolitik zieht, kann kein Zweifel bestehen. Zu gut ist die Laune und zu lang die Liste der Versäumnisse der einen, zu trübe sind die Aussichten und zu berechtigt die Sorgen der anderen.

Die scheinbare Ungerechtigkeit von Generationenvergleichen

In politischen Debatten wie auch im privaten Raum flieht man vor umfassender Analyse gerne in die Anekdote. Wo über Ungerechtigkeit zwischen den Generationen gestritten wird, landet man schnell bei bestens bekannten Beispielen. Verwiesen wird dann auf die Frau, die erst die ganze Erziehungsarbeit übernommen hat und nun aufgrund der großen Lücken in ihrer Erwerbsbiographie von einer minimalen Rente lebt. Verwiesen wird auf den Bauarbeiter, der aufgrund der hohen körperlichen Belastung im Beruf bereits früh in Rente gehen und deshalb enorme Abzüge hinnehmen muss. Wenn Jugendliche aus der Mittelschicht trotz behüteter Kindheit und elterlichem Bausparplan behaupten, sie würden von den Älteren ungerecht behandelt: Zeigt sich dann nicht zumindest mangelnder Respekt, wenn nicht blanker Zynismus gegenüber ärmeren Älteren? Mehr noch: Sind die Jungen nicht einfach faul und neidisch?

Solche Beispiele führen nicht nur zu unproduktiven Diskussionen, sondern lenken gleich in mehreren Hinsichten vom Thema ab. Sie werden nicht selten von Personen vorgetragen, die sich ansonsten nicht durch übermäßiges Interesse an den Lebensbedingungen armer, älterer Menschen auszeichnen. Es wird suggeriert, dass sich die Kritik der Jüngeren auf die konkrete Lebensweise einzelner Personen und nicht auf die viel abstraktere Größe der Verhältnisse zwischen den Generationen und damit auf die Strukturen bezieht. Inhaltliche Kritik wird damit in die Nähe von Neid und persönlicher Missgunst gerückt. Sie wird als Ausdruck negativer Emotionen ohne eigentlichen sachlichen Hintergrund gedeutet und hat sich damit selbst erledigt. Ist hier nicht der größere Zynismus am Werk, wenn berechtigte Kritik durch den Verweis auf die schwierige Lebenslage älterer Menschen ausgekontert wird, deren Schicksal ansonsten kaum interessiert?

In derart missglückten Diskussionen zeigt sich ein Grundproblem jeder Debatte über Gerechtigkeit zwischen den Generationen. Vergleiche zwischen den Generationen beziehen sich auf Kollektive. Jedes Kollektiv »Generation« umfasst Millionen von Menschen, deren persönliche Lebensumstände sich radikal voneinander unterscheiden. Aus diesem Grund scheinen Vergleiche zwischen den Generationen immer zumindest teilweise ungerecht zu sein. In jeder Generation lassen sich Menschen finden, denen es deutlich besser oder deutlich schlechter geht als den Mitgliedern irgendeiner anderen Generation. Deswegen ist es auch nachvollziehbar, dass etwa ein armer älterer Mensch, der kaum über die Runden kommt, die Kritik am guten Leben

»der Älteren« auf Kosten der jüngeren Generationen als tief ungerecht empfinden wird.

In der Philosophie wird immer häufiger vom Problem »intersektionaler« Gerechtigkeit gesprochen, um den engen Zusammenhang zwischen verschiedenen Formen der Ungerechtigkeit zu betonen. Doch der berechtigte Hinweis darauf, dass nicht wenige ältere Menschen auch hierzulande am Rande oder unterhalb des Existenzminimums leben, lässt die Kritik an den existierenden Beziehungen zwischen den Generationen nicht hinfällig werden. Vielmehr wird deutlich, dass die Lage noch besorgniserregender ist. Ein Teil der älteren Generationen lässt es sich offenbar nicht nur auf Kosten der jüngeren Generationen, sondern auch auf Kosten von Mitgliedern der eigenen Alterskohorte zu gut gehen.

Konzentriert man sich auf das Verhältnis zwischen den Generationen, lässt sich leicht erkennen, wie Probleme von einer Generation auf die nächste verschoben werden. So steht zum Beispiel außer Frage, dass die Verteilung von Erwerbs- und Hausarbeit angesichts der Funktionsweise unseres Rentensystems große Ungerechtigkeiten zwischen Männern und Frauen innerhalb der älteren Generationen hervorgebracht hat. Hier handelt es sich jedoch um ein *intra*generationelles Problem der Gerechtigkeit, also um ein Problem *innerhalb* der älteren Generationen. Davon gibt es einige. Neben den Ungerechtigkeiten zwischen den Geschlechtern ist speziell in Deutschland etwa an das Verhältnis von Ost und West zu denken. Und intragenerationelle Probleme verlangen selbstverständlich nach einer intragenerationellen Lösung. Wo eine betroffene Generation keine intragenerationelle Lösung zustande bringt und das Problem an die nächste Generation weiterreicht, wird sie ihrer Verantwortung nicht gerecht – ein Versagen, das auch als solches benannt werden muss.

Im Folgenden werden Generationen jeweils als in sich relativ geschlossene und gegeneinander abgrenzbare Einheiten betrachtet. Es geht dabei, soziologisch gesprochen, vor allem um die große bzw. Makroebene, um die strukturelle Dimension der Verhältnisse zwischen den Generationen. Diese Makroebene ist systematisch von der Mikroebene, vom konkreten Miteinander der Generationen in den Familien oder im Alltag, zu unterscheiden. Dabei steht außer Frage, dass sich beide Ebenen immer wieder überschneiden.

Wie diese Überschneidung genau zu verstehen ist, wird in Kapitel 7 vertieft. Nur so viel sei schon hier gesagt: Wo Menschen von Strukturen profitieren, kann ihnen dies nicht direkt zum Vorwurf gemacht werden. Sehr wohl können sie aber dafür kritisiert werden, keinen Beitrag zum Strukturwandel geleistet zu haben. Hier liegt die Verantwortung eines jeden und einer jeden, auch im Konflikt zwischen den Generationen. Die Älteren können in erster Linie nicht dafür kritisiert werden, einen Vorteil aus ungerechten Strukturen gezogen zu haben, sondern vielmehr dafür, dass sie ihre politische Macht und ihren Einfluss nicht genutzt haben, um diese Strukturen nachhaltig zu verändern.

Es ist also falsch, einer Analyse der Beziehungen zwischen den Generationen Einseitigkeit oder gar »denunziatorische Pauschalität« zu unterstellen, wie der Philosoph Arnd Pollmann dies tut. Er behauptet, »dass es wohlfeil ist, mit dem Katastrophenwissen von heute Lebensstile von gestern zu skandalisieren«.[4] Die Äußerung ist einigermaßen bemerkenswert, wenn man bedenkt, dass dieses Katastrophenwissen »von heute« etwa mit Blick auf den Klimawandel seit mehr als 30 Jahren gesichert und allgemein verfügbar ist. Die Probleme der Rentenkassen können ebenfalls kaum als lange gut gehütetes, gerade erst gelüftetes Staatsgeheimnis beschrieben werden.

Eine Kritik des Miteinanders von Jüngeren und Älteren nimmt einen zentralen Aspekt gesellschaftlicher Gerechtigkeit in den Blick. Es ist unredlich, eine solche Konzentration auf bestimmte Probleme der Gerechtigkeit mit der Geringschätzung anderer Gerechtigkeitslücken gleichzusetzen. Wer auf diese Weise Ungerechtigkeit gegen Ungerechtigkeit ausspielt, hat sich aus jeder ernstzunehmenden Debatte bereits verabschiedet.

Gleiches gilt selbstverständlich auch mit Blick auf den wohl größten Gerechtigkeitskonflikt unserer Gegenwart, das Verhältnis zwischen dem globalen Norden und dem globalen Süden. Zum Beginn unseres Jahrtausends standen die massiven Ungleichheiten zwischen Norden und Süden im Zentrum öffentlicher wie philosophischer Debatten. Probleme des Welthungers und der Weltarmut wurden ebenso breit diskutiert wie Fragen des Zugangs zu Medikamenten und der – notfalls auch militärisch abgesicherten – Durchsetzung grundlegender Menschenrechte. Das Jahrhundertproblem des Klimawandels hat diese Debatten längst und viel zu stark aus dem öffentlichen Bewusstsein verdrängt. Dabei hat die Weltgemeinschaft nach wie vor weder den Hunger noch die Armut im Griff.

Eine Auseinandersetzung mit Problemen der Gerechtigkeit zwischen Älteren und Jüngeren muss, wie es hier geschieht, andere Schwerpunkte setzen. Das bedeutet selbstredend nicht, die Probleme globaler Ungerechtigkeit zu marginalisieren. Schon sachlich wäre dies unangemessen: Schließlich steht eine zunehmend alternde Bevölkerung im globalen Norden einer erheblich jüngeren, teilweise sehr dynamisch wachsenden Bevölkerung im globalen Süden gegenüber. Ob es um das Klima oder um die Altersvorsorge geht: Ohne die Jüngeren aus dem Süden wird der Norden sehr bald noch älter aussehen, als er es ohnehin schon ist.

Ältere und Jüngere: Um wen geht es?

Wir erleben einen massiven Konflikt zwischen den Generationen, angesichts dessen die Jüngeren allen Grund zu Klage und Protest haben. Um den Konflikt klar zu beschreiben, muss deutlich werden, um wen es eigentlich geht. Wer profitiert, wer verliert?

Auf der Gewinnerseite des Konflikts stehen diejenigen, die ich im Folgenden zusammenfassend als »ältere Generationen« oder einfach als »Ältere« bezeichnen werde. Dazu gehört die unmittelbare Kriegs- und Nachkriegsgeneration der zwischen etwa 1940 und 1950 geborenen Menschen. Es ist diese Alterskohorte, die die studentische Revolte von 1968 maßgeblich geprägt hat. Zu den älteren Generationen zähle ich ebenso die Generation der »Babyboomer«, die – je nach Kontext variiert die Einteilung – zwischen dem Beginn der 1950er Jahre und der Mitte der 1960er Jahre geboren wurde. Die »Älteren«, von denen hier die Rede ist, sind also nur teilweise »alt«.

Die Ältesten, die vor allem in den 1930er Jahren Geborenen, zählen sicherlich auch zu den Gewinnern des heutigen Konflikts zwischen den Generationen. Ihre frühen Lebensjahre wurden jedoch durch die Zerstörungswut eines Weltkriegs geprägt, den sie nicht zu verantworten hatten. Die Verantwortung hierfür kommt vielmehr im Wesentlichen der Generation ihrer Eltern zu. Diese Generation der um die Jahrhundertwende Geborenen legte den Kontinent in Schutt und Asche und wird doch im kollektiven Gedächtnis vor allem als Heldengeneration der Trümmerbeseitigung und des demokratischen Neuanfangs erinnert. In jedem Fall unterscheiden sich die Probleme, mit denen sich die Generation der Kinder der 1930er Jahre im Vergleich zu ihren Kindern wie zu ihren Eltern konfrontiert sah, von den gegenwärtig drängenden Problemen grundlegend. Deswegen werde ich auf die spezielle Lage der gegenwärtig ältesten Generation im Folgenden nicht weiter eingehen.

Auf der Verliererseite finden sich zunächst drei Generationen, die ich als »jüngere Generationen« oder einfach als »Jüngere« bezeichnen werde. Dazu gehören die »Millennials«, die in den 1980er und 1990er Jahren geboren wurden und gelegentlich auch als »Generation Y« bezeichnet werden. Noch mehr verloren und zu verlieren haben die »Generation Z« (die am Ende der 1990er Jahre und in der ersten Dekade des neuen Jahrtausends Geborenen) und die »Generation Alpha« (α, geboren nach 2010).

Zwischen Gewinnern und Verlierern liegt gerade noch eine Lücke von 15 bis 20 Jahren. Es sind die Jahre der »Generation X«, deren Mitglieder zwischen der Mitte der 1960er Jahre und den frühen 1980ern geboren wurden. Für diese Generation fällt die Bilanz gemischt aus. So profitiert sie etwa wie die Babyboomer von der Zeit der klimapolitischen Sorglosigkeit und wird doch für einige Jahrzehnte ihres Lebens die Folgen des Klimawandels erleben und die Kosten engagierter Klimaschutzpolitik mit aufbringen müssen. Ähnlich ambivalent ist die Perspektive dieser Zwischengeneration mit Blick auf Renten und Staatsfinanzen. Je nach Thema und Kontext wird man die Generation X eher zu den Verlierern oder zu den Gewinnern des Konflikts zwischen den Generationen zählen können.

Gehen wir von der hier beschriebenen Einteilung der Generationen aus, so ergibt sich das folgende Panorama: Die Nachkriegsgeneration genießt ihre Rente oder Pension. Die Babyboomer bereiten sich allmählich auf den Ruhestand vor oder haben ihn vor kurzem angetreten. Die Führungspositionen in Politik, Wirtschaft und Kultur werden vor allem von den Babyboomern und der Generation X sowie gelegentlich schon von den älteren Millennials besetzt. Von den Millennials befindet sich ein Teil fest im Beruf, ein Teil noch in Ausbildung und Studium. Die Generation Z studiert, absolviert eine Ausbildung oder besucht eine weiterführende Schule. Die Generation Alpha spielt im Sandkasten oder lernt Schreiben und Rechnen.

Eine Reihe von Zahlen führt die diesem Panorama zugrunde liegende demographische Struktur schnell vor Augen. Zum Jahresende 2020 ermittelte das Statistische Bundesamt die folgenden Werte:[5] Demnach lebten in der Bundesrepublik 5,9 Millionen vor 1940 Geborene. Die Generation der unmittelbaren Kriegs- und Nachkriegszeit (geboren 1940–1952) umfasst 10,1 Millionen Menschen, die Generation der Babyboomer (geboren 1953–1967) stolze 18,4 Millionen Menschen. Zur Generation X (geboren 1968–1980) lassen sich 13,8 Millionen Menschen zählen, zu den Millennials (Generation Y, geboren 1981–1995) 15,8 Millionen. Die Generation Z schließlich (geboren 1996–2010) kommt auf 12,2 Millionen Menschen, während bis Ende 2020 7,8 Millionen zur Generation Alpha (Jahrgänge 2011–2020) zu zählende Menschen geboren wurden.

Lassen wir die Generation X als Generation mit unklarer Stellung im Konflikt zwischen den Generationen für einen Moment außen vor, ergibt sich folgendes Bild: 34,4 Millionen Menschen in Deutschland gehören zu Generationen, die auf der Gewinnerseite stehen (älteste Generation, Kriegs-/Nachkriegsgeneration und Babyboomer), während 35,8 Millionen Menschen zu den Verlierergenerationen gehören (Generationen Millennials, Z und Alpha).

Ein ausbalanciertes Verhältnis? Weit gefehlt. Die scheinbar gegebene quantitative Balance ist in Wahrheit keine. Denn von den jüngeren Generationen sind weit mehr als zehn Millionen Menschen noch nicht wahlberechtigt. Die älteren Generationen stellen zusammen gut die Hälfte der Wahlberechtigten. Sie stellen als Rentnerinnen und Rentner die »Zeitelite« der Gesellschaft,[6] die wie niemand sonst über freie Zeitressourcen zur politischen Arbeit und zur Verteidigung der eigenen Interessen verfügt. Natürlich begünstigt auch die Verteilung von öffentlichen Ämtern, Führungs- und Einflusspositionen die Älteren.

Kein Leben erschöpft sich darin, einer Generation anzugehören. Entsprechend verbietet sich jeder direkte Schluss von der

Verortung in einer Generation auf die Qualität individueller Lebensumstände. Ungeachtet dessen sollte nun klar geworden sein, von wem die Rede ist, wenn es im Folgenden um alte Gewinner und junge Verlierer geht.

Disput oder Schulterschluss?

Das vorliegende Buch will dafür werben, den Konflikt zwischen den Generationen klar zu beschreiben und offen anzusprechen. Mehr noch, ich bin der Überzeugung, dass dieser Konflikt dringend demokratisch ausgetragen werden muss. Es muss politisch ungemütlich werden, wenn die Ungerechtigkeiten in den Beziehungen zwischen den Generationen ernsthaft angegangen und beseitigt, zumindest verringert werden sollen.

Diese Position ist weder bei den Älteren noch bei den Jüngeren sonderlich beliebt, um es vorsichtig auszudrücken. Vielmehr wird vor dem Konflikt gewarnt und auch auf Seiten der Jüngeren mit Nachdruck für einen Schulterschluss der Generationen geworben. So setzt etwa der »Zukunftslobbyist« Wolfgang Gründiger auf die »Opa-APO« und fordert die Älteren auf, »Herzensunternehmer« zu werden und ihren Ruhestand zum Engagement zugunsten der Jüngeren zu nutzen.[7] Eindrucksvoll haben sich 2021 auch die Klimaaktivistin Luisa Neubauer und der Journalist Bernd Ulrich, selbst bekennender Babyboomer, im generationsübergreifenden Schließen der Reihen geübt. Zwar lässt Neubauer keine Zweifel an der besonderen Verantwortung der älteren Generationen für das Entstehen der Klimaprobleme aufkommen: »Ihr [Boomer, J. M.-S.] habt da einiges richtig verbockt.«[8] Und weiter: »Es ist eine Zumutung, was man von [...] jüngeren Generationen erwartet. Da kann man schnell verbittern.«[9] Ausgehend von diesen Feststellungen ließe sich sofort ein heftiger Streit beginnen. Doch keiner der beiden sucht den Konflikt. Stattdessen warnt Ulrich davor, die von den Boomern erzielten Fortschritte zu übersehen und ihr Leben nur »unter dem Schuld- und Emissionsaspekt«[10] zu betrachten. Und Neubauer reagiert überraschend versöhnlich: »Das ewige Rumreiten auf einem Generationenkonflikt« könne keine Lösung sein, es brauche »Solidarität über Generationen hinweg«.[11] Ansonsten gelte: »Wir sind übrigens nicht nachtragend.«[12]

Zum weitverbreiteten Bedürfnis nach Harmonie passt, dass in der öffentlichen Debatte häufig vermieden wird, reale Menschen hinter komplexen Problemen zu identifizieren. Wahlweise werden »das System«, »der Markt«, »der Kapitalismus« und dabei insbesondere »der Neoliberalismus« oder auch einfach »die Strukturen« für verantwortlich erklärt. Auf Generationen wird hingegen kaum Bezug genommen. Wo Vorwürfe konkret werden, richten sie sich immer an ausgewählte, kleine Gruppen innerhalb der älteren Generationen, vorzugsweise an die Politik oder an »die Eliten«. Das Klischee des verantwortungslosen Politikers, der sich den Herausforderungen aus Machtkalkül, Überforderung, Gleichgültigkeit oder Eigeninteresse heraus nicht stellt, findet sich auch in der Debatte um das Verhältnis zwischen den Generationen. Der evangelische Theologe Peter Dabrock, ehemaliger Vorsitzender des Deutschen Ethikrates, formuliert dies 2021 eindrücklich so:

Doch lässt sich kaum bezweifeln, dass ein Großteil der bisherigen Politik auf ein vermeintlich biologisch oder mental senioriges Klientel zugeschnitten ist: Politik, deren Aufgabe und Verantwortungsprivileg darin besteht, den Gestaltungsraum gesellschaftlichen Lebens auszuloten, scheint in vorlaufendem Gehorsam vor einer vermeintlichen Altenrepublik oder gar Rentokratie nur noch das umzusetzen, was dieser vermeintlich wahlentscheidenden Alters- oder Mentalitätskohorte nicht weh tut.[13]

Dreimal »vermeintlich« und einmal »scheint«: Die Wortwahl lässt keine Zweifel an der Strategie des Textes aufkommen. Hier wird ein Schuldiger gesucht und in der Politik gefunden. Die Politik mache sich ein völlig falsches Bild von den Älteren und vergesse auf Grundlage des Bildes und wahlstrategisch durchdacht die Jüngeren. Entsprechend behauptet Dabrock: »So hedonistisch sind die Älteren gar nicht« – und appelliert an die Politik: »Tut endlich mehr, viel mehr [!]«[14] Fast könnte man glauben, die Politik würde die Älteren geradezu aktiv davon abhalten, sich dem Konflikt zwischen den Generationen zu stellen.

Mit derselben Zielsetzung reduziert auch Neubauer im Gespräch mit Ulrich die Kritik an den Boomern auf eine begrenzte Elitenkritik:

> Bevor mir gleich pauschales Boomer-Bashing vorgeworfen wird: Die Boomer-Generation ist eine große Gruppe und natürlich kann man die nur sehr, sehr bedingt in einen Topf werfen. […] Wenn ich hier von Boomern spreche, meine ich jene überwiegend männlichen Boomer, die tendenziell öffentlich sprechen, dabei permanent in ihrem eigenen Status baden und gleichzeitig auf alles, was jünger, weiblicher oder migrantischer ist als sie selbst, herabblicken.[15]

Ist es so einfach, Probleme und Verantwortung bei einer kleinen oder doch zumindest überschaubaren Gruppe abzuladen? Eine jüngere Studie spricht eine andere Sprache. In einer vom NABU in Auftrag gegebenen repräsentativen Umfrage gaben 59,1 Prozent der über 65-Jährigen an, die Interessen der jüngeren Generation an Natur- und Klimaschutz bei ihrer Wahlentscheidung nicht zu berücksichtigen.[16] Die Umfrage wurde Ende August 2021 durchgeführt und damit nur wenige Wochen nach der Flutkatastrophe in Rheinland-Pfalz und Nordrhein-Westfalen.

Auch die Ergebnisse der darauffolgenden Bundestagswahl vom September 2021 lassen die Vermutung zu, dass die Älteren mehrheitlich lieber den eigenen Rentenvorteilen als etwaigen Klimaschutzanstrengungen zugunsten der Jüngeren ihre Stimme gaben. Vielleicht versteht die Politik ja doch etwas davon, was ein immer größer werdender Teil der alternden Wählerschaft von ihr verlangt? Vielleicht ahnt sie, dass die Älteren eigentlich mit einer Politik ganz einverstanden sind, die sie mit lästigen Forderungen nicht behelligt? In privaten Diskussionen lässt sich diese Politik ja dann immer noch wortreich kritisieren und zur Not auch lautstark beschimpfen. Tausche Bevorzugung auf Kosten Dritter gegen Wählerstimme: Der Handel floriert – und zum Handel gehören immer zwei.

Deutlich zeigt sich bereits hier, dass die Makroebene gesellschaftlicher Strukturen und die Mikroebene individuellen Verhaltens nicht restlos voneinander getrennt werden können. Es ist deshalb besonders wichtig, zunächst die Strukturen unter die Lupe zu nehmen, die die Beziehungen zwischen den Generationen prägen. Doch irgendwann wird es zwangsläufig konkret, spielt individuelles Handeln eine Rolle. Denn die Ungerechtigkeit, welche die Verhältnisse zwischen den Generationen prägt, kann nicht länger bei viel zu einfach gestrickten Sündenböcken aus Politik, Markt oder System abgeladen werden. Eine Erneuerung der Beziehungen zwischen den Generationen setzt voraus, dass der längst vorhandene, bisher kalte Konflikt ausgetragen und ausgehalten wird. Ein vorschneller Schulterschluss der Generationen wird hingegen – immer und ausnahmslos – auf Kosten der Jüngeren vollzogen. Schließlich war der schnelle Ruf nach Ruhe, Harmonie und Einigkeit bisher noch immer der Ruf der Privilegierten, die im offenen Streit viel zu verlieren und wenig zu gewinnen haben.

Was dieses Buch will – und was nicht

Die beiden zentralen Thesen des Buches lauten wie dargestellt:

1. Das Herstellen von Gerechtigkeit zwischen den Generationen ist eine Querschnittsaufgabe.
2. Zwischen den Generationen geht es gegenwärtig nicht gerecht zu.

Beide Thesen und damit die Probleme der Gerechtigkeit zwischen den Generationen können aus unterschiedlichen Perspektiven diskutiert werden. So hat beispielsweise Lukas Sustala eine ökonomische Analyse des Konflikts zwischen den Generationen vorgelegt.[17] Wolfgang Gründiger verbindet in seiner Erörterung des Themas scharfe Eliten- und Altenkritik mit Vorschlägen für politische Reformen.[18] Ronja Ebeling nähert sich dem Problem durch eine eindrückliche Kombination von persönlichen Erfahrungsberichten und journalistischer Dokumentation.[19]

Im Gegensatz zu den genannten Ansätzen wird hier ein philosophischer und gerechtigkeitstheoretischer Zugang zum Problem der Gerechtigkeit zwischen den Generationen gewählt. Denn ohne die Philosophie, ohne eine ethisch-normative Betrachtung, kann der Konflikt zwischen Älteren und Jüngeren nicht vollständig erfasst werden. Die ökonomische Analyse zeigt auf, dass die Verhältnisse zwischen den Generationen Gewinner und Verlierer, Profiteure und Ausgenutzte hervorbringen. Doch ökonomische Gewinner und Verlierer produziert das Wirtschaftssystem am laufenden Band. Die Ungerechtigkeit aber resultiert aus dem Umstand, dass Gewinne auf unfairen Vorteilen und Verluste auf ungerechter Behandlung beruhen. Die Jüngeren sind nicht einfach nur schlechte Verlierer, Pechvögel oder Krisenkinder. Sie sind und sie werden weiterhin strukturell benachteiligt. Sie handeln ausgehend von einer Position, in der sie schon von vornherein verloren haben. Entsprechend sind die Älteren auch nicht einfach nur Gewinner, die als gute Menschen mit ihren Nachkommen doch ein wenig Mitleid haben und etwas mehr Fürsorge zeigen sollten. Sie sind vielmehr Gewinner eines Spiels mit gezinkten Karten. Und Verantwortung tragen sie auch dann, wenn sie diese Karten nicht selbst ins Spiel gebracht haben. Sie hätten die Karten schließlich ablegen und aus dem Spiel aussteigen können.

Es soll hier nicht darum gehen, eine umfassende und geschlossene Theorie der Gerechtigkeit zwischen den Generationen zu entwickeln.[20] Stattdessen werden die vielen verschiedenen Dimensionen des Konflikts zwischen den Generationen praxisnah und zugleich im Rückgriff auf philosophische Argumente und Positionen rekonstruiert.

Von einem solchen Ansatz kann auch die philosophische Debatte selbst profitieren. Die Philosophie konzentriert sich in den letzten Jahren mehr und mehr darauf, das Verhältnis der gegenwärtig Lebenden zu den noch ungeborenen, zukünftigen Generationen zu analysieren. In der Philosophie ist dabei oft von »Zukunftsethik« die Rede, der zumeist auch ein anderer Begriff der Generation zugrunde liegt. Nach zukunftsethischem Verständnis lebt gegenwärtig nur eine einzige Generation. Diese besitzt Pflichten gegenüber den noch nicht Geborenen. So werden tendenziell große Zeiträume von Jahrzehnten und Jahrhunderten in den Blick genommen.

Die Relevanz und Produktivität dieser zukunftsethischen Diskussion soll hier nicht in Abrede gestellt werden. Überraschend ist jedoch der Befund, dass die vielen großen Gerechtigkeitsprobleme zwischen den *gegenwärtig lebenden* Generationen, von den Boomern bis zur Generation Z, momentan kaum philosophische Aufmerksamkeit finden. Dazu passt, dass sich die Zukunftsethik beinahe ausschließlich für Probleme in den Bereichen Klima, Umwelt und Technik interessiert.[21] Die Philosophie hat hier Nachholbedarf. Theorien der Gerechtigkeit zwischen den Generationen müssen sich wieder verstärkt für die Gegenwart und für andere, vor allem sozial- und gesellschaftspolitische Themen interessieren.

Der Konflikt zwischen den Generationen wird hier im Rückgriff auf verschiedene Vorstellungen und Konzeptionen von Gerechtigkeit diskutiert. Dem Buch liegt somit nicht die eine große philosophische Theorie der Gerechtigkeit zugrunde, die Antworten für jede Teilfrage bereithält. Damit ist implizit eine wichtige These verbunden: Gerade weil es um eine Querschnittsaufgabe geht, muss ein plausibles Verständnis von Gerechtigkeit zwischen den Generationen auf eine Mehrzahl von Prinzipien und Vorstellungen der Gerechtigkeit zurückgreifen. Eine schlanke, stark vereinheitlichende Theorie kann der Vielfältigkeit und Verworrenheit der realen Beziehungen zwischen Älteren und Jüngeren nicht gerecht werden.

Ein weiterer Aspekt, der für die folgende Untersuchung wichtig ist, soll hier noch angesprochen werden: Die Sprache, in und mit der wir über die Beziehungen zwischen den Generationen streiten, verdient größte Aufmerksamkeit und wird zu selten hinterfragt. Denn diese Sprache ist immer schon ein wichtiger Teil des Konflikts selbst. Auf sie kommt es an, da sprachliche Beschreibungen beeinflussen, was wir als Problem wahrnehmen und warum wir es als Problem wahrnehmen. Man kann Probleme durch übertriebene Zuspitzung herbeisprechen und -schreiben. Man kann die kreativen Potentiale der Sprache aber auch nutzen, um Konflikte kleinzureden und Ungerechtigkeiten unsichtbar werden zu lassen.

Dies lässt sich bei der Rente ebenso beobachten wie etwa in der Finanz- oder Klimapolitik. So wird beschönigend vom »demographischen Wandel« gesprochen. Die Formulierung erinnert an die Rede vom »Wandel der Zeiten«, der schlichtweg geschieht, den niemand bewusst verursacht oder herbeigeführt hat. Der demographische Wandel verlange nun, das Rentensystem »zukunftsfest« umzugestalten. Was nach fürsorglicher Anteilnahme am Schicksal der jüngeren Generation klingt, entpuppt sich jedoch schnell als Diskussion um die Frage, auf welche Art und Weise die Rentnerinnen und Rentner kommender Jahrzehnte benachteiligt werden sollen.

Schulden werden selbstredend immer als Investitionen in die Zukunft ausgewiesen: Die Kredite von heute sind das Wachstum von morgen. Das Bild von der »Klimakrise« lässt an eine Situation der Not denken, die über die Welt hereingebrochen ist und alles und jeden erfasst. So verdeckt die Rede von der Krise den Umstand, dass es Verantwortliche und weniger Verantwortliche und auch Gewinner und Verlierer gibt.

Wie schlecht es um die Gerechtigkeit zwischen den Generationen gegenwärtig bestellt ist, zeigt sich nicht zuletzt an solchen eindrucksvollen Übungen in begrifflicher Akrobatik. Sie dienen dem Ziel, den Konflikt zwischen Älteren und Jüngeren gar nicht erst als Konflikt erscheinen zu lassen. Die Deutungshoheit der älteren Generationen über viele Politikfelder und in vielen Medien trägt hier reiche Früchte. So setzen sich vielfach Beschreibungen von Problemen durch, die die Position der Älteren stärken. Es macht eben einen großen Unterschied, ob von der Klimakrise oder vom Klimakonflikt gesprochen, ob die staatliche Kreditaufnahme als Zukunftsinvestition oder aber als Lastenverschiebung beschrieben wird. Eine Kritik der Verhältnisse zwischen den Generationen muss daher nicht zuletzt eine Kritik der Sprache sein, mit der über diese Verhältnisse gesprochen und gestritten wird.[22]

1 Epizentrum Klima

Die Herausforderungen des Klimaschutzes stehen im Mittelpunkt des gegenwärtigen Konflikts zwischen den Generationen. Dies gilt gleich in mehreren Hinsichten: Angesichts der Gefahren eines ungebremst voranschreitenden Klimawandels schrumpfen andere Probleme zwischen den Generationen in der öffentlichen Wahrnehmung so zusammen, dass sie am Ende kleiner erscheinen, als sie wirklich sind. Weite Teile der Gesellschaft erkennen den Ernst der Klimakrise inzwischen an. Ebenso wächst das Bewusstsein für das Ausmaß der Veränderungen, die eine erfolgreiche Klimapolitik mit sich bringen wird. Eine klimaneutrale Gesellschaft entsteht nur dort, wo alle Bereiche der Wirtschaft und des Alltags umstrukturiert, liebgewonnene Gewohnheiten aufgegeben und tägliche Routinen neu und klimaverträglich gestaltet werden.

Das Klima steht aber auch deswegen im Mittelpunkt des Konflikts zwischen den Generationen, weil es wie kein anderes Thema zu einer Politisierung der jüngeren Generationen beigetragen hat. In der Klimadebatte wird, wenn auch nach wie vor viel zu zaghaft, der Konflikt zwischen Älteren und Jüngeren angegangen. Wenn aus dem kalten Konflikt doch eine heiße gesellschaftliche Auseinandersetzung werden sollte, wird sie vermutlich beim Klima beginnen.

Wohltaten und Pflichten

In der politischen Debatte um den Klimaschutz wird gern an die Bereitschaft der älteren Generationen appelliert, fürsorglich und wohltätig zu sein. Es sei an der Zeit, etwas Gutes für die Kinder zu tun. Nun könne man sich solidarisch zeigen. Vermittelt wird dadurch die Vorstellung von Seniorinnen und Senioren, die die Umweltprobleme kommender Jahrzehnte zwar nicht mehr miterleben werden, sich aber jetzt selbstlos zugunsten einer besseren Zukunft engagieren. Die älteren Generationen können sich so als Wohltäter fühlen, die geben, was von ihnen eigentlich nicht verlangt werden darf. Man wird an Wohltätigkeits-Aktionen zugunsten der ärmsten Staaten der Welt erinnert – und auch an das ungute Gefühl, das einen dabei beschleicht. Darf man sich wirklich, wie die Werbung vieler Hilfsorganisationen nahelegt, als tugendhafter Sponsor, ja als Lebensretter fühlen? Oder ist der eigene Beitrag nicht eine verschwindend geringe Anzahlung auf die große Summe, die der reiche Norden dem globalen Süden schuldig geblieben ist? Wäre nicht Scham eher angebracht als gönnerhafte Selbstzufriedenheit?

Wer den Klimakonflikt als Konflikt ernst nimmt, sollte zuallererst die Legende von den Wohltaten zugunsten der Zukunft nicht immer wieder weiter erzählen. Die älteren Generationen sind keine Trupps von barmherzigen Samaritern. Sie können bestenfalls dazu beitragen, den von ihnen angerichteten Schaden zu minimieren. Es geht nicht um Geschenke. Es geht darum, eine fundamentale moralische Pflicht zu erfüllen und Zukünftige nicht noch stärker zu schädigen.

Um dies nachzuvollziehen, muss zunächst ein Blick auf die moralische Dimension des Klimakonflikts geworfen werden. Im Zentrum der Klimapolitik steht die Erkenntnis, dass das System Klima nur in engen Grenzen belastbar ist. Es kann nur eine endliche Menge an Treibhausgasemissionen verkraften, ohne sich auf Dauer gravierend zu verändern. Solche Veränderungen werden für viele Generationen von Menschen (und anderen Lebewesen) unausweichlich gravierende Nachteile mit sich bringen. Deswegen ist es moralisch geboten, sie zu vermeiden. Hier greift das klassische, in der philosophischen Ethik ebenso wie in verschiedenen Religionen und Kulturen akzeptierte Gebot, andere nicht zu schädigen.[1]

Die ersten Generationen der industriellen Ära wussten nicht um die komplexen klimatischen Zusammenhänge und sind dadurch entschuldigt. Doch seit Jahrzehnten sind die in diesem Zusammenhang einschlägigen Erkenntnisse bestens bekannt. Oftmals wird 1990 als dasjenige Jahr genannt, ab dem an grundlegenden Prozessen des Klimawandels nicht mehr begründet gezweifelt werden konnte. Spätestens dann musste zumindest den politisch Verantwortlichen, bald aber auch allen klar sein: Die Menge an moralisch vertretbaren Emissionen ist endlich. Und ein endliches Gut, an dem alle ein Interesse haben, muss gerecht verteilt werden.

Wie sollte eine faire Verteilung aussehen? In der philosophischen Ethik und in der Gerechtigkeitstheorie wird kontrovers über verschiedene Antworten auf diese Frage gestritten. Klassisch lassen sich dabei die Positionen des *Egalitarismus* (gerecht ist, wenn es allen gleich gut geht), des *Utilitarismus* (gerecht ist, wenn die Summe an Wohlergehen so groß wie möglich ist) und des *Suffizientarismus* (gerecht ist, wenn es allen mindestens hinreichend gut geht, wenn sie ein bestimmtes Level an Wohlergehen erreichen) unterscheiden. Aus der jeweils akzeptierten gerechtigkeitstheoretischen Grundlage folgen unterschiedliche Antworten auf die klimaethische Frage, wem warum welches Emissionsbudget zusteht.

In einer Hinsicht können sich Vertreterinnen und Vertreter aller Ansätze rasch einig werden: Die älteren Generationen haben das Budget an Treibhausgasemissionen hoffnungslos überzogen, welches sie gerechterweise für sich beanspruchen können. Seit mehr als drei Jahrzehnten nehmen die Älteren diese Ungerechtigkeit weitgehend achselzuckend in Kauf. Erst nach 2018, erst nach dem durch eine schwedische Schülerin erteilten Nachhilfeunterricht, haben größere Teile der Älteren damit begonnen, sich etwas ernsthafter für das Klimaproblem zu interessieren. In den verlorenen drei Jahrzehnten aber besetzten zunächst die Nachkriegsgeneration und dann die Babyboomer die große Mehrheit der Führungspositionen in der Gesellschaft und bestimmten den Kurs der Politik.

Verbraucht eine Generation ein endliches Gut im Übermaß, verschärft sich das Knappheitsproblem für nachfolgende Generationen enorm. Dieser Zuspitzung können technologische Verbesserungen ein Stück weit entgegenwirken. Die älteren Generationen hätten die dramatische Überziehung ihres Budgets durch eine klimafreundliche technische Revolution, zumindest aber durch Vorarbeiten zu einer solchen Revolution, teilweise ausgleichen können. Es wäre ihnen möglich gewesen, in großem Umfang emissionsärmere oder emissionsfreie *Substitute* für bisher verwendete, emissionsstarke Technologien zu entwickeln. Das Bereitstellen solcher Substitute hätte als eine Art Entschädigung für ein überzogenes Emissionsbudget angesehen werden können.[2]

Doch auch hier, in der Entwicklung von Substituten, ist viel zu wenig unternommen worden. Die zu hohen Emissionen dienten vor allem dem Konsum. Von CO_2-freiem Zement für den Bau bis hin zu neuen Formen der Energiespeicherung wartet die Welt weiterhin auf technische Durchbrüche, ohne die das Ziel der Klimaneutralität kaum zu erreichen sein wird.

Der moralische Kern des Klimakonflikts ist somit denkbar einfach. Das Stück, welches sich die älteren Generationen vom Emissionskuchen genommen haben, ist viel zu groß. Es ist keine plausible Theorie der Gerechtigkeit in Sicht, die eine derart großzügige Selbstbedienung rechtfertigen könnte. Den Schaden tragen die jetzt lebenden Jüngeren wie auch die noch ungeborenen zukünftigen Generationen davon.

In der Gegenwart stellen die Älteren durch ihr Verhalten die Jüngeren vor eine mehr als unerfreuliche Wahl: Die Jüngeren könnten den Schlendrian der Eltern und Großeltern weiter fortsetzen. Sie könnten sich nur am Rande für das Klima interessieren und darauf hoffen, dass es irgendwie schon gut gehen oder wenigstens nicht katastrophal verlaufen wird – zumindest nicht zu ihren Lebzeiten. Viele Jüngere scheinen einen solchen Kurs für eine schlechte Idee zu halten und liegen damit völlig richtig. Sie sind auch moralisch gar nicht dazu berechtigt, die Dinge einfach weiterlaufen zu lassen. Denn auch sie stehen in der Pflicht, ihre Emissionen schnell und deutlich zu reduzieren. Wenn aber das Weiter-so ausscheidet, bleibt den Jüngeren nur die Option, jetzt eilig das nachzuarbeiten, was in Jahrzehnten versäumt wurde. Sie dürfen keine Zeit verschwenden, wenn der Klimawandel in überschaubaren Grenzen gehalten werden soll.

Das moralische Problem kann in aller Kürze auch so beschrieben werden: Nur eine endliche Menge von Treibhausgasemissionen ist mit der Stabilität des Weltklimas verträglich. Als endliches und zugleich begehrtes und damit knappes Gut haben diese Treibhausgasemissionen einen Wert und müssten deswegen auf dem Markt auch einen Preis haben. Die älteren Generationen haben Treibhausgase aber über Jahrzehnte nicht bepreist und damit so behandelt, als ob sie überhaupt keinen Wert hätten. Das »Angebot« war groß genug. Sie konnten sich so viel vom Emissionskuchen nehmen, wie sie wollten. Denn die Nachfrage war gering. Die Konkurrenz, durch die das Gut zu einem knappen Gut wird, war noch damit beschäftigt, erwachsen zu werden, oder war noch gar nicht geboren. So haben die Älteren die Klimakosten »externalisiert« – eine »irre Bezeichnung« für eine Form der »Verantwortungsverweigerung«, wie die Nachhaltigkeitsforscherin Maja Göpel es treffend formuliert.[3] Wäre schon vor Jahrzehnten mit einer der Problemgröße wie dem Wert von Emissionsrechten angemessenen Bepreisung von CO_2 begonnen worden, stünde es jetzt deutlich besser um den Klimaschutz.

Klimaethisch wird hier an das breit akzeptierte Verursacherprinzip appelliert. Es besagt schlicht, dass derjenige für einen Schaden haftet, der ihn angerichtet hat.[4] Wer Treibhausgase emittiert, der sollte dafür bezahlen. Das so eingenommene Geld kann in die Entwicklung von Substituten oder in andere Klimaschutzmaßnahmen investiert werden. Es ist erstaunlich, dass das Verursacherprinzip im Kontext der globalen Verteilung von Klimaschutzpflichten breit diskutiert, aber nur selten auf die Verhältnisse zwischen den Generationen bezogen wird.

Angesichts schneller und stärker steigender Preise für Treibhausgasemissionen – ob über Steuern oder durch frei handelbare Emissionszertifikate – hätten die Älteren schon in den 1990ern ein großes finanzielles Interesse an der Umstellung auf klimafreundlichere Arbeits- und Wirtschaftsweisen entwickelt. Sie hätten infolgedessen ihr Emissionsbudget niemals so dramatisch überzogen.

Wer unter Ausbeutung die ungerechtfertigte Aneignung fremder Arbeit versteht, wird hier auch von einem Ausbeutungsverhältnis sprechen können. Dies Verhältnis hat eine eigentümliche Gestalt. Die Älteren genießen, was die Jüngeren Jahrzehnte später erst erarbeiten müssen. Das Emissionsprivileg der Vergangenheit zwingt dazu, die Klimaschutzanstrengungen in Gegenwart und Zukunft zu verschärfen. Wie so oft beruht auch diese Form der Ausbeutung auf Macht. Die Macht der Älteren verdankt sich schlicht und einfach ihrer früheren Geburt, ihrer zeitlichen Stellung in der Reihe der Generationen. Indem sie das insgesamt vorhandene Emissionsbudget zu großen Teilen verschleuderten, schufen die Älteren Tatsachen. Sie taten das lange bevor sich die weiteren, noch nicht existenten oder in der Kita am Basteltisch beschäftigten Betroffenen dagegen wehren konnten. Ein gerechter Gebrauch der Emissionsmacht durch die Älteren hätte zu frei gewählter Selbstbegrenzung führen müssen. Doch dazu fand sich nicht einmal die sonst in Fragen der Machtkritik bestens geschulte Generation der 1968er mehrheitlich bereit.

Man könnte sich fragen: Ist es nicht übertrieben, im reichen Westen von »Ausbeutung« zu sprechen? Dies tat immerhin schon der keineswegs unter Extremismusverdacht stehende ehemalige sächsische Ministerpräsident Kurt Biedenkopf, der bereits 2006 vor der »Ausbeutung der Enkel« warnte.[5] Ob mit derartigen Kronzeugen oder ohne sie: Der Vorwurf der Ausbeutung ist so lange angemessen, wie der harte Konflikt zwischen den Generationen in der öffentlichen Klimadebatte wie der Elefant im Raum behandelt wird, den alle sehen und den doch niemand beim Namen nennen will. Der faire Ausgleich zwischen den Generationen, ohne den Klimaschutz nicht gelingen wird, beginnt damit, die Struktur des Problems präzise herauszuarbeiten. Es geht in der Klimapolitik nicht um die Gnade der Älteren, um ihre Gutmütigkeit und eine dankbar Hilfe empfangende Jugend. Wenn sie das Klima schützen, erbringen die Älteren keine Wohltaten, sondern bedienen ihre Schulden. Die Jüngeren sollten hier nicht bitten, sie müssen fordern.

Die Klimakrise ist ein Klimakonflikt

In den letzten Jahren kam in die Klimadebatte auch begrifflich Bewegung. Wurde über Jahrzehnte von der Herausforderung des Klima*wandels* gesprochen, setzt sich inzwischen der Begriff der Klima*krise* immer weiter durch. Nicht selten führt die Rede von der Krise auch zum Schreckensszenario einer Klima*apokalypse*, was wiederum dazu Anlass dazu geben kann, den Klima*notstand* auszurufen. Die Wortwahl spiegelt eine stetige Verschärfung der Problemwahrnehmung wider.

Der Begriff der Klimakrise dient zweifelsohne dem Ziel, die Dringlichkeit einer entschlossenen Klimapolitik zu betonen. Aus Sicht der älteren Generation hat die Rede von der Klimakrise aber einen weiteren, entscheidenden Vorteil. Der Krisenbegriff wirkt einschließend und passt damit wunderbar zum ebenfalls in der Klimapolitik vielgebrauchten Bild des einen Bootes, in dem wir alle sitzen sollen. Krisen sind komplex. Krisen haben viele Ursachen. Krisen scheinen irgendwie, fast durch höhere Gewalt, über die Gesellschaft zu kommen und alle zu treffen. Daher braucht es in der Krisenbewältigung Solidarität.

In Wirtschaftskrisen zeigt sich, dass das Bild kollektiver Betroffenheit schnell Risse bekommen kann. Viele Krisen kennen ihre Verursacher und fast jede Krise ihre Krisengewinner. Ist es in der Klimakrise anders? Die meisten werden auf der Suche nach Verursachern und Profiteuren sicher zuerst an Ölkonzerne und Stahlgiganten denken – nicht zuletzt, da großindustriell bezahlte Kampagnen gegen seriöse Klimawissenschaften etwa in den USA ein kaum zu unterschätzendes Problem sind. Doch der Blick auf den Global Player, auf das personifizierte Böse in Gestalt des klimakillenden Großkonzerns, lenkt von einer unangenehmen Tatsache ab: Über Jahrzehnte waren Millionen von Menschen ganz zufrieden damit, Billigflüge zu nutzen, für wenig Geld ihr (zu) großes Auto voll betanken und nahezu beliebig CO_2 in die Atmosphäre pusten zu können.

So wird die unbequeme Wahrheit gern übergangen: Die Klimakrise ist ein Klimakonflikt, der Gewinnergenerationen und Verlierergenerationen produziert. Das hat, wie angedeutet, einen einfachen Grund. Die Umstellung auf eine klimaneutrale Gesellschaft und die Umsetzung von Maßnahmen zur Anpassung an die schon nicht mehr zu verhindernden Klimaveränderungen werden vor allem in den kommenden zwei bis drei Jahrzehnten gigantische Summen verschlingen. So schätzte etwa eine Studie von McKinsey im September 2021, dass allein in Deutschland ein Investitionsbedarf in Höhe von bis zu sechs Billionen Euro besteht, wenn das Ziel der Klimaneutralität bis 2045 erreicht werden soll.[6] Der Hinweis, dass eine ungebremste Klimaerwärmung die Welt noch viel mehr Geld kosten würde, ist richtig und wichtig. Zur Debatte um die Verteilung der Klimaschutzkosten trägt er jedoch nichts bei.

Eine gewaltige Rechnung ist somit gestellt, und die Generationen der Gegenwart stehen vor der Frage: *Wer* kommt für welche Kosten auf? Wenn über diese Frage gestritten wird, haben die älteren Generationen selbstverständlich ein starkes Interesse daran, dass nur auf Gegenwart und Zukunft, nicht aber auf die Vergangenheit geschaut wird. Dies ist dann der Fall, wenn etwa nur *zukünftige* CO_2-Emissionen in schneller Schrittfolge stärker bepreist werden. Natürlich müssen die Älteren dann, wie die Jüngeren auch, die immer höheren Kosten für zukünftige Emissionen zahlen. Doch das können sie bequem akzeptieren. Denn damit ist die lästige Frage nach ihrem *vergangenen* Verhalten vom Tisch.

An dieser Vergangenheit sollten die jüngeren Generationen angesichts der Größe der offenen Klimarechnung dringend stärkeres Interesse zeigen. Selten war die Einforderung einer Nachzahlung besser begründet. Denn die älteren Generationen werden in dem Maße zu Gewinnern des Klimakonflikts, in dem die Emissionen vergangener Dekaden unberücksichtigt bleiben. Sie werden so für ihre jahrzehntelange klimapolitische Verantwortungslosigkeit sogar noch belohnt. Noch anschaulicher formuliert: Die Babyboomer haben schon zehn Bier getrunken, als die Generation Z den Biergarten betritt. »Setzt euch zu uns«, winken die Babyboomer die Generation Z heran, »trinken wir einen?« Und wie beiläufig bemerkt ein Babyboomer: »Wir machen nachher bei der Rechnung halbe-halbe, okay?« Spätestens vor dem Genuss des dritten Biers sollte der Generation Z aufgehen, dass dieser Deal ein ziemlich schlechter Deal ist.

Es wird mit Recht in der Klimadebatte vermehrt darauf hingewiesen, dass der Klimawandel nicht irgendwann einmal und dann zuerst an fernen Orten geschehen wird. Vielmehr sind seine Folgen bereits jetzt zu spüren. Ebenso stimmt die Aussage, dass gerade ältere Menschen an den Folgen des Klimawandels verstärkt leiden, etwa durch die Zunahme von Hitzewellen. Leider wird all das gern als Bestätigung des falschen Bildes interpretiert, dem zufolge die Krise uns alle trifft und wir alle in einem Boot sitzen. Dabei wird nämlich außer Acht gelassen, dass ein Mensch Opfer des Klimawandels und zugleich Gewinner im intergenerationellen Klimakonflikt sein kann.

Ein Beispiel: Ein 70-jähriger vernünftiger Egoist, der nur in eigenen Risiken und eigenen Kosten denkt, hat allen Grund zu folgender Überlegung: Durch die jetzt schon beobachtbaren Klimaveränderungen steigen für ihn gesundheitliche, sogar lebensbedrohliche Risiken. Er kann diese Risiken teilweise persönlich zu verringern versuchen, etwa durch die Wahl des Wohnorts oder die Vollklimatisierung seiner Wohnung. Doch es bleibt ein relevantes Risiko, Opfer der Folgen des Klimawandels zu werden. Risiken aber gibt es immer. Auch der Krebs kann ihn schon nächstes Jahr ins Grab bringen. Mit gesundheitlichen Risiken hat er in seinem Alter ohnehin zu leben gelernt.

Wenn dieser Mann jetzt eine entschlossene Klimapolitik unterstützt, dann kommen auf ihn mit Sicherheit empfindliche Kosten zu – jene Kosten, die der Wandel hin zur Klimaneutralität mit sich bringt. Er muss somit persönliche Risiken des

Klimawandels gegen sichere persönliche Kosten für den Klimaschutz abwägen. Nicht wenige würden als vernünftige Egoisten, in der Lage dieses Mannes, eine energische Klimaschutzpolitik ablehnen. Dies ist ein Grund mehr, endlich offen zu thematisieren, wer im Klimakonflikt warum auf der Gewinnerseite steht.

Das sicherste Anzeichen dafür, dass der Konflikt zwischen den Generationen im Klimaschutz noch immer ausgeblendet wird, ist die Allgegenwart der Zukunft. Von nichts als Zukunft ist die Rede. Das freut all die, die ein Interesse daran haben, von der Vergangenheit zu schweigen. Sie haben allen Grund dazu, sich lautstark mit der Zukunft zu befassen.

»Wir sind hier, wir sind laut, weil ihr uns die Zukunft klaut.« Unter anderem mit diesem Slogan werben die Protestierenden von *Fridays for Future* für ihr Anliegen und finden damit auffallend viel Beifall. Es werden Szenarien entworfen, die zeigen, wie man es sich miteinander gemütlich machen kann, wie sich alle Generationen gemeinsam auf eine harmonische Zukunft freuen dürfen. Dabei liegen die beiden Probleme des Satzes »Wir sind hier, wir sind laut, weil ihr uns die Zukunft klaut!« auf der Hand. Zum einen ist die Zukunft in großen Teilen bereits in der Vergangenheit gestohlen worden. Zum anderen lässt sich das »ihr«, an das sich der Vorwurf richtet, ziemlich flexibel besetzen. Wie schon angedeutet, kommen für diese undankbare Rolle vorzugsweise unfähige Politiker oder gewissenlose Lobbyisten infrage.

Weitaus schwerer fällt es, in dem »ihr« die Millionen von liebevollen Eltern und reizenden Großeltern zu erkennen, die eigentlich mit angesprochen werden müssten. Zwar werden die Warnungen vor den Folgen des Klimawandels immer drastischer. Dennoch schreckt die junge Klimaschutzbewegung weitgehend davor zurück, die älteren Generationen öffentlich zu kritisieren und damit politisch herauszufordern. Warum ist das so? Wie kann es sein, dass sich die schrille Sprache der Klimaapokalypse immer weiter verbreitet und zugleich die Älteren kaum angegangen werden? Sind sie nicht maßgeblich verantwortlich für eine Krise, die von den Jüngeren zunehmend als Trip in Richtung Endzeit wahrgenommen wird?

Erklären lässt sich dies vor allem durch hohe emotionale Hürden, die die Jüngeren erst überwinden müssen, wenn sie den Klimastreit offen austragen möchten. Schließlich geht es um die schmerzhafte Einsicht, dass Menschen, denen man sich tief verbunden fühlt, in einem großen gesellschaftlichen Konflikt zumeist auf der anderen Seite stehen. Die Einsicht kann umso schwerer fallen, wenn damit zugleich die in guter Erinnerung bewahrte Welt der eigenen Kindheit und Jugend Gegenstand des Zweifels wird. Ist man nicht mit einem Lebensstil groß geworden, der einem heute als Kette problematischer Klimasünden erscheint? Hat man ihn nicht selbst genossen, gehört er damit nicht auch zur eigenen Identität?

Die Lage wird dadurch nicht einfacher, dass der Konflikt sich um alltägliche Handlungen dreht. Die Generation von 1968 fragte ihre Eltern: Wo wart ihr, als gemordet wurde? Die Studenten der Revolte mussten dabei Bertolt Brechts Mahnung berücksichtigen, wenn sie fair zu ihren Eltern sein wollten:

Ihr, die ihr auftauchen werdet aus der Flut,
In der wir untergegangen sind,
Gedenkt,
Wenn ihr von unseren Schwächen sprecht,
Auch der finsteren Zeit,
Der ihr entronnen seid.[7]

Dort, wo es lebensgefährlich ist, Haltung zu zeigen, ist nachträgliche Haltungskritik wohlfeil und schnell selbstgerecht. Im gegenwärtigen Konflikt zwischen den Generationen um das Klima geht es jedoch nicht um Menschheitsverbrechen. Es geht um an sich harmlose, geradezu banale Handlungen. Es geht um das Autofahren, Urlaubsreisen mit dem Flugzeug, unnötig große Einfamilienhäuser. Es geht um tausend Kleinigkeiten, aus denen ein gigantisches Problem erwächst. Eignen sich weit verbreitete Lebensweisen und durchschnittliche Handlungen aber überhaupt als Gegenstand von Kritik? Oder umgekehrt gefragt: Kann es einen nicht wütend machen, dass es gerade diese alltäglichen Dinge gewesen sind, die in die Krise geführt haben? Dass ohne Absicht, aber nachlässig und träge ein Problem geschaffen wurde, das niemals so groß und konfliktbeladen hätte werden müssen?

Die Fragen können ratlos stimmen. Sie verweisen auf das schon angesprochene, grundsätzliche Problem, genau zu erklären, wie sich die Mikroebene des individuellen Handelns und die Makroebene gesellschaftlicher Strukturen zueinander verhalten. Die Taten eines einzelnen Boomers, ob ökologisch korrekt oder emissionsreich, machen für das Gesamtgeschehen so gut wie gar keinen Unterschied. Zugleich kann aber niemand so tun, als ginge ihn die Sache nichts an. Denn dafür ist die eigene Verstrickung in die Strukturen, die den Klimawandel befeuern, zu groß.

Das persönliche Miteinander von Älteren und Jüngeren in Zeiten des Konflikts zwischen den Generationen verdient breite Aufmerksamkeit und damit ein eigenes Kapitel (Kap. 7). Schon jetzt weise ich aber darauf hin, dass ich hier explizit nicht von individueller »Schuld« spreche, sondern bisher die Strukturen, das allgemeine Verhältnis der Generationen zueinander in den Blick genommen habe. Klar ist in jedem Fall: Auch ohne jede persönliche Kritik ist es emotional stark herausfordernd, zu erkennen, dass die geliebten Nächsten zu den Gewinnern, man selbst aber zu den Verlierern eines Großkonflikts gehört. Es ist einfacher, den auf die Straße getragenen Klimaprotest an die Politik, die Wirtschaft oder an ein vage und unbestimmt bleibendes »ihr« zu richten.

Ins Bild passt dabei auch, dass ausgerechnet der Schulstreik zur charakteristischen Protestform jugendlicher Klimaschützer wurde. Er trägt Züge der Autoaggression, wie sie in familiären Konfliktsituationen auch immer wieder beobachtet werden können. Die Jugend schadet sich selbst, indem sie sich um ihren Schulunterricht bringt. Es gäbe andere Möglichkeiten. Kinder und Jugendliche könnten ihren Eltern und Großeltern freitags kollektiv die Autoschlüssel klauen – Klau gegen Klau, Schlüssel gegen Zukunft – und mit ihrer Beute nach Schulschluss zur Demonstration ziehen. Sie könnten jeden Freitag in Gruppen ältere Passanten in der Fußgängerzone in ein lästiges Gespräch über die Größe des eigenen CO_2-Fußabdrucks verwickeln. Mit dem Applaus der Älteren für die Schülerproteste wäre es dann vermutlich schnell vorbei. Gerade damit, mit dem Ärger der Älteren, hätte die junge Klimaschutzbewegung aber ein wichtiges Ziel erreicht: Der Konflikt zwischen den Generationen würde als solcher endlich sichtbarer werden.

Stattdessen klatschen die Älteren der protestierenden Jugend weiter herzerwärmt und fröhlich Beifall und treiben damit die emotionalen Kosten einer offenen Thematisierung des Konflikts in die Höhe. In der Freude über den Zusammenhalt von Jung und Alt geht schnell unter, dass die Älteren zu ernsthaften Zugeständnissen bei der Verteilung der Klimaschutzkosten bisher nicht bereit sind. Die Jüngeren werden sich entscheiden müssen: Stellen sie sich unbequemen, auch belastenden persönlichen Diskussionen – oder wollen sie auf den offenen Klimarechnungen ihrer Eltern und Großeltern sitzenbleiben?

Vom Ende einer alten Erzählung

Der Klimakonflikt ist für den aktuellen Zustand der Beziehungen zwischen den Generationen auch deswegen zentral, da er zeigt, dass die vielleicht größte Erzählung der Moderne ihre Glaubwürdigkeit endgültig verloren hat. Gemeint ist die Geschichte vom unaufhaltsamen Fortschritt, der automatisch zu einer kontinuierlichen Verbesserung des menschlichen Lebens führen wird. Untrennbar ist diese Geschichte mit anderen Grundideen der Moderne verbunden. Dies gilt etwa für das Vertrauen in die Leistungsfähigkeit der menschlichen Vernunft und den Glauben an die Beherrschbarkeit der Natur durch Wissen und Technik.

Die moderne Meistererzählung hält nicht nur für jeden Einzelnen das Versprechen einer rosigen Zukunft bereit. Sie ist gerade für das Verhältnis zwischen den Generationen von grundlegender Bedeutung. Denn sie impliziert, dass die späteren Generationen gegenüber den früheren und damit die Jüngeren gegenüber den Älteren immer schon im Vorteil sind. Niemand hat den Gedanken des unaufhaltsamen menschlichen Fortschritts, dessen Nutznießer die später Geborenen sind, prägnanter formuliert als der Königsberger Philosoph Immanuel Kant. In seiner Schrift *Idee zu einer allgemeinen Geschichte in weltbürgerlicher Absicht* schrieb er 1784:

> Denn i[m] Gange der menschlichen Angelegenheit ist ein ganzes Heer von Mühseligkeiten, die den Menschen erwarten. Es scheint aber der Natur darum gar nicht zu thun gewesen zu sein, daß er wohl lebe; sondern daß er sich so weit hervorarbeite, um sich durch sein Verhalten des Lebens und des Wohlbefindens würdig zu machen. Befremdend bleibt es immer hiebei: daß die ältern Generationen nur scheinen um der späteren Willen ihr mühseliges Geschäfte zu treiben, um nämlich diesen eine Stufe zu bereiten, von der diese das Bauwerk, welches die Natur zur Absicht hat, höher bringen könnten; und daß doch nur die spätesten das Glück haben sollen, in dem Gebäude zu wohnen, woran eine lange Reihe ihrer Vorfahren (zwar freilich ohne ihre Absicht) gearbeitet hatten, ohne doch selbst an dem Glück, das sie vorbereiteten, Antheil nehmen zu können.[8]

Die Älteren rackern sich ab und schaffen doch nicht mehr als ein Fundament. Auf dessen Grundlage arbeitet die nächste, schon etwas besser gestellte Generation weiter. Glücklich ist, wer spät geboren wird, wenn der Bau schon fertig ist!

Die Katastrophen des 20. Jahrhunderts haben der Geschichte vom unaufhaltsamen Fortschritt schwere Schläge versetzt. Seit den 1960ern rückte ihr dann die Philosophie der Postmoderne zu Leibe und erklärte ihr theoretisch den Bankrott. Doch die Moderne erwies sich in der Praxis als quicklebendig. Wie nie zuvor erfüllte sie in den Jahrzehnten nach 1945 ihr Versprechen materieller Wohlstandszuwächse. Die Späteren hatten es tatsächlich besser. Dies galt insbesondere, da an die Seite des Wirtschaftswunders die Erleichterung trat, dem Schlimmsten entkommen zu sein. Helmut Kohl brachte dieses Gefühl in den 1980ern auf den prägnanten Begriff der »Gnade der späten Geburt«. Gnade ist, religiös wie politisch, nichts, was man sich verdient hätte, ist nichts, was man sich auch nur hätte verdienen können. Gnade wird einem frei geschenkt. »Gnade« beschreibt das unverdiente Glück, sich nicht mit einem mörderischen Regime konfrontiert gesehen zu haben – einem Regime, das vom Individuum verlangt, Position zu beziehen und die Positionierung entweder mit dem Gewissen oder aber mit dem Leben zu bezahlen.

Der Konflikt zwischen den Generationen ist auch vor dem Hintergrund der starken Wirkung dieser Leiterzählung der Moderne zu bewerten. Liegt die jahrzehntelange klimapolitische Passivität der Älteren in ihrer Erfahrung begründet, dass sich das Versprechen der Moderne eben doch am Ende irgendwie erfüllt? Wiegt die Lebenserfahrung von stetig wachsendem Wohlstand nicht schwerer als theoretische Daten und Modelle, die zu negativen Prognosen führen?

Die Jüngeren indes können sich auf die Erzählung der Moderne keinen Reim mehr machen. Das zeigt sich nirgendwo deutlicher und radikaler als in der Klimadebatte. Die Zukunftsaussichten sind düster, von der Zunahme der Extremwetterereignisse bis hin zu den Problemen massiver globaler Klimamigration. Es wird viel Geld, Mühe und Technik kosten, das Schlimmste abzuwenden und den Klimawandel in Grenzen zu halten. Diese Ressourcen fehlen bei der Fortschreibung der Geschichte von Wohlstand und Wachstum. Als unvollendete, abgebrochene Erzählung liefert sie jedoch weiter Stoff genug für Auseinandersetzungen und Missverständnisse im Konflikt zwischen den Generationen.

Mentale Hypotheken

Die Probleme in den Verhältnissen zwischen den Generationen erschöpfen sich nicht in Fragen materieller Verteilung. Es kommt ebenso auf Bildung und Wissen, auf Kultur und Mentalität an. Das ist nicht zuletzt mit Blick auf den Klimakonflikt von großer Bedeutung. Wenn Gesellschaften innerhalb weniger Jahrzehnte das Ziel der Klimaneutralität erreichen wollen, können sie auf zwei Möglichkeiten setzen:

1. Sie können Emissionen einsparen, oder
2. sie können mit Hilfe neuer Technologien emissionsfreie Produkte und Verfahren entwickeln.

Es geht an dieser Stelle nicht darum, die eine Möglichkeit gegen die andere auszuspielen, sondern darum, die Frage nach der richtigen Mischung zwischen beiden Ansätzen zu stellen. Eine zielorientierte Klimapolitik wird anerkennen, dass es beides braucht, Reduktion und Innovation.

Und hier beginnen die Probleme. Die Technik, auf die eine klimaneutrale Gesellschaft nicht verzichten kann, steckt zu oft noch in den Kinderschuhen. Bill Gates präsentiert 2021 eine Liste an Technologien, die noch keineswegs marktreif und »erschwinglich für Länder mit mittlerem Durchschnittseinkommen«[9] sind. Ohne sie wird der Weg zur Klimaneutralität äußerst steinig werden. Auf dieser Liste finden sich unter anderem:

- synthetische Kraftstoffe für den LKW-Verkehr sowie für Schiffe und Flugzeuge,
- praktikable Lösungen für die Stromspeicherung in großem Ausmaß,
- CO_2-neutraler Stahl, Kunststoff, Dünger und Zement,
- die Kernfusion,
- CO_2-Binde- bzw. Abscheidetechniken,
- F-Gas-freie Kühlmittel sowie
- dürre- und hochwassertolerante Nutzpflanzen.

Die Liste bleibt auch dann stattlich, wenn sie um jene Optionen gekürzt wird, die manche Expertinnen und Experten als weniger vielversprechend verstehen. Umso bemerkenswerter ist, wie hartnäckig und fast ausschließlich Windräder und Elektroautos die öffentliche Debatte beherrschen. Über technische Quantensprünge, auf die wichtige Wirtschaftsbereiche angewiesen sind, wird kaum ein Wort verloren.

Gefragt ist aber eine offene Technikneugier. Das bedeutet nicht, blindlings und ohne sorgfältige Abwägung von Risiken und Kosten jedem technischen Versprechen Glauben zu schenken. Es bedeutet auch nicht, Probleme technischer Innovationen zu übersehen. Dies gilt etwa für die Frage, für was Gewinne an technischer Effizienz tatsächlich genutzt werden. Dienen sie wirklich der Verringerung von Energieverbrauch und Emissionen? Oder verführen Effizienzgewinne nicht oftmals dazu, die Leistungsfähigkeit von Anlagen und Geräten zu steigern, so dass am Ende nichts eingespart wird? Ein weiteres Problem bezieht sich auf die hierzulande gern übersehene Frage nach den Rohstoffen: Auf welche Rohstoffe ist eine technologische Innovation angewiesen? Wie können diese Rohstoffe überhaupt erst einmal gewonnen werden, vom Kupfer bis hin zu den seltenen Erden, ohne Menschenrechte zu verletzen und natürliche Umwelten zu zerstören?

Eine neugierige Haltung gegenüber innovativen Technologien blendet diese Probleme nicht aus, führt aber zu der Bereitschaft, umfangreich in Forschung und Entwicklung zu investieren. Sie veranlasst dazu, die unterschiedlichsten Wege auszuprobieren, auch Fehlschläge in Kauf zu nehmen, um die notwendigen, teilweise unverzichtbaren technischen Durchbrüche zu erzielen.

Die mangelnde gesellschaftliche Auseinandersetzung mit der technischen Seite der Klimaprobleme ist vor allem zwei mentalen Hypotheken zu verdanken. Diese sind Bestandteil des Konflikts zwischen den Generationen und dürfen besonders aus diesem Grunde nicht übersehen werden.

1. Die erste Hypothek besteht in dem Umstand, dass der Verweis auf Innovation und technischen Fortschritt Politik und Wirtschaft über Jahrzehnte hinweg als faule Ausrede dafür gedient hat, sich nicht ernsthaft mit dem Problem des Klimawandels zu beschäftigen. Offenkundig hat diese Ausrede bei den älteren Generationen breiten Anklang gefunden, jedenfalls keinen Widerspruch hervorgerufen. Sie passte ja auch zur individuellen Lebenserfahrung einer sich rasant verändernden und immer leistungsfähiger werdenden Technologie.

Doch technische Innovationen fallen nicht vom Himmel. Aus der Ausrede, die Technik werde es schon richten, wird erst dann ein konstruktiver Ansatz, wenn man eine Idee davon hat, auf welchen Wegen die Technik es denn richten könnte. Diese Wege müssen dann auch systematisch erforscht, Fortschritte müssen dokumentiert und offene Probleme angegangen werden. Für all das muss sehr viel Geld in die Hand genommen werden. Dies ist über Jahrzehnte, zum Nachteil der Jüngeren, kaum geschehen. So entstand der Eindruck, Politik und Wirtschaft seien an einer Lösung der Probleme gar nicht ernsthaft interessiert. Die Tatenlosigkeit der Vergangenheit bürdet dem Klimadiskurs unserer Gegenwart ein schweres Problem auf: Wer jetzt darauf hinweist, dass Technik wichtig ist und dass es ohne große Innovationen nicht gehen wird, steht schnell im Verdacht, den Ernst der Lage noch immer nicht erkannt zu haben und die Reihe der Ausreden nur fortsetzen zu wollen.

2. Die zweite Hypothek entstammt einem anderen politischen Kontext: Die gegenwärtige Klimadebatte trägt schwer am Erbe der älteren Umweltbewegungen, zu deren wesentlichen Merkmalen eine ausgeprägte Technikskepsis, wenn nicht sogar Technikfeindlichkeit gehört. So sehr die allermeisten im Alltag gerne bereit sind, sich von der Technik die Arbeit abnehmen und das Leben erleichtern zu lassen, so sehr hört doch bei der Großtechnologie der Spaß auf. Die Umweltbewegungen der Älteren sind immer wieder Anti-Technik-Bewegungen gewesen. Genauer gesagt, sie waren Bewegungen, die sich gegen einzelne Techniken und ihre Anwendung gerichtet haben. Im Zentrum der Ablehnung stand dabei über Jahrzehnte die Nukleartechnik sowohl in ihrer militärischen als auch in ihrer zivilen Gestalt.

Wie kein anderer hat Hans Jonas der Technikkritik der Umweltbewegungen in den 1970er Jahren mit dem *Prinzip Verantwortung* eine philosophische Gestalt gegeben. In einer Zeit, in der »die Verheißung der modernen Technik in Drohung umgeschlagen ist«, bedürfe es eines neuen kategorischen Imperativs: »Handle so, daß die Wirkungen deiner Handlung nicht zerstörerisch sind für die künftige Möglichkeit [echten menschlichen, J. M.-S.] Lebens.«[10] Jonas verlangt, das Fürchten wieder zu erlernen. Menschen sollen eine Furcht kultivieren, »in der mit dem Übel das davor zu rettende Gute« sichtbar wird.[11] Er verwendet sogar schon das Bild von der menschengemachten Apokalypse.[12] Es überrascht daher kaum, dass *Das Prinzip Verantwortung* 2020 mit einem Vorwort des Grünen-Politikers Robert Habeck neu aufgelegt wurde.

An die Seite der Atomkraft gesellte sich im Lauf der Jahrzehnte die Gentechnik als Innovation, die ebenfalls wütende Proteste und scharfe Ablehnung hervorrief. In Zeiten des Klimakonflikts mutet beides seltsam an. Es wird schwer, sich vorzustellen, wie Entwicklungsländer angesichts jetzt schon eintretender Klimawandelfolgen ihre teils rasant wachsenden Bevölkerungen ohne gentechnisch verbesserte Pflanzen ernähren sollen. Mit Blick auf die Atomkraft gilt: Ein breites europäisches, bis nach Nordafrika reichendes Stromnetz – ein sogenanntes Supergrid – ist noch nicht geschaffen worden. Die wetter- und jahreszeitbedingten Schwankungen in der Produktion von Sonnen- und Windenergie können deswegen noch nicht mit Hilfe einer solch weiträumigen Vernetzung stabil ausgeglichen werden. Gegen den Bau einer jeden zum Supergrid beitragenden Starkstromtrasse wird weiter munter protestiert und prozessiert. Die Nutzung von Kohle und Öl als Energieträger sollte besser heute als morgen enden; auch Gas ist aus klimapolitischer Sicht bestenfalls eine mittelfristig nutzbare Brückentechnologie. Ist es angesichts all dieser Umstände wirklich vernünftig gewesen, die Atomkraft kategorisch und undifferenziert abzulehnen und aus dieser Energieform vollständig auszusteigen?

Das alles bedeutet nicht, die Folgekosten und Risiken der Atomkraft zu übersehen oder gar kleinzureden. Aus politischer Sicht gibt es ohnehin nichts mehr zu diskutieren, da der Ausstieg aus der Kernenergie beschlossene Sache und längst weitgehend vollzogen worden ist. Mit Blick auf die Beziehungen zwischen den Generationen bleibt das Thema dennoch wichtig. Denn es veranschaulicht, wie wählerisch die älteren Umweltbewegungen auf Kosten der Jüngeren gewesen sind. Wer konnte sich in den 1980er und 1990er Jahren und damit in einer Zeit, in der erneuerbare Energien noch kaum genutzt wurden, eine radikale, kompromisslose Ablehnung der Atomenergie leisten? Offensichtlich nur derjenige, der sich um seinen CO_2-Fußabdruck keine Sorgen machte. Andernfalls hätte die Frage doch lauten müssen: Was ist angesichts der Risiken der Atomenergie wie der Gefahren des Klimawandels als Erstes geboten, die Abschaltung der Kernkraftwerke oder doch lieber der Verzicht auf fossile Brennstoffe, um Emissionen zu reduzieren? Was würde sich denn, ganz im Sinne von Hans Jonas, weniger zerstörerisch auf künftiges menschliches Leben auswirken? Worauf sollte sich Umweltpolitik vorrangig konzentrieren? Man kann diese Fragen zweifelsohne mit guten Gründen unterschiedlich beantworten. Doch den Luxus, sich diese Fragen gar nicht erst zu stellen, muss man sich schon leisten können. Und damit nicht genug. In ihrer Leidenschaft für den energiepolitischen Grundlagenstreit haben es die Älteren gleichzeitig großzügig unterlassen, dasjenige Problem zu lösen, für welches sie zweifellos direkt verantwortlich sind. Denn selbst nach vier Jahrzehnten endloser Debatten gibt es keinen auch nur im Ansatz mehrheitsfähigen Plan, wie die vorhandenen radioaktiven Abfälle dauerhaft und sicher gelagert werden könnten.

Wie das alles zeigt, bringen die an Umweltschutz interessierten Gruppen der älteren Generationen häufig den Gedanken in die Klimadebatte ein, dass Technik entweder eine faule Ausrede oder aber gemeingefährlich ist. Die Vermittlung dieser Haltung scheint erfolgreich gewesen zu sein. Auch bei den Jüngeren kennt die Begeisterung für Technik im Kontext der Klimakrise sehr enge Grenzen. Umso wichtiger ist es, sich die Konsequenzen eines fortgesetzten technischen Desinteresses vor Augen zu führen. Je weniger die klimapolitisch engagierten Jüngeren sich für die Erkundung neuer Technologien stark machen, desto stärker werden sie verzichten müssen, wenn das Ziel der Klimaneutralität erreicht werden soll.

Wie schon gesagt: Aus dem hier formulierten Plädoyer für eine neue Aufgeschlossenheit gegenüber technischen Innovationen folgt in keiner Weise, dass die Chancen des technischen Fortschritts gegen den Klima- und vor allem gegen den Umweltschutz ausgespielt werden dürfen. An deutlich verstärkten Umweltschutzanstrengungen führt schon aufgrund anderer Probleme, die im Schatten der Klimadiskussion schnell in Vergessenheit geraten, kein Weg vorbei: Hier ist vor allem an den dramatischen Verlust von Biodiversität zu denken. Der Mensch ist auf die Leistungsfähigkeit von Ökosystemen zwingend angewiesen, ob es um die Bestäubung von Nutzpflanzen, den Hochwasserschutz oder um Nährstoffkreisläufe geht. Eine nachlassende ökologische Resilienz muss daher insbesondere die Jüngeren beunruhigen. Und auch beim Klimaschutz ist Technikrealismus gefragt. Verlangt ist kein blindes Vertrauen darauf, dass die Technik die Probleme schon irgendwie rechtzeitig lösen wird. Verlangt werden sollte aber die Bereitschaft, technische Innovationen zu fördern und technische Lösungen unvoreingenommen zu bewerten. Verzicht wird so oder so vonnöten sein. Menschliche Lebensweisen müssen sich grundlegend ändern. Da ist es nur sinnvoll, dort auf Technik zu setzen, wo Technik helfen kann.

Wie wichtig es ist, sich von den mentalen Einstellungen früherer Bewegungen zu lösen, zeigt ein weiteres Beispiel. In den älteren Umweltbewegungen war eine Skepsis gegenüber Forderungen nach wirtschaftlicher Effizienz weit verbreitet, die sich nicht selten aus einer grundlegenden Abwehrhaltung gegenüber kapitalistischen Systemen speiste. Kapitalismuskritik ist auch in weiten Teilen der jungen Klimaschutzbewegung präsent. Effizienzüberlegungen finden hingegen in den neuen Klimaschutzorganisationen durchaus Anklang. Das hat seinen guten Grund: Effizienz bezieht sich nicht auf das Ziel, sondern auf die Wahl der Mittel zum Ziel. Klimaneutralität ist das moralisch geforderte Ziel – doch die Wege zum Ziel können sehr verschieden und vor allem mit sehr verschieden hohen Kosten verbunden sein. Die Wahl des Weges kann Jüngeren nicht gleichgültig sein, die an umfassender Gerechtigkeit zwischen den Generationen interessiert sind. Es zeichnet sich ab, dass die jüngeren

Generationen den übergroßen Teil der Klimaschutzrechnung werden bezahlen müssen. Es ist daher nur im Interesse der Jüngeren, Klimaschutz effizient zu gestalten und den Rechnungsbetrag möglichst kleinzuhalten.[13] Richtig teuer wird es ohnehin. Da muss es nicht noch teurer werden. Die Jüngeren können das Geld mehr als gut gebrauchen, sei es zur Tilgung der Staatsschulden oder zur Stabilisierung der Rentenkassen.

In der Klimapolitik halten viele die Bepreisung von CO_2 und damit verbunden einen Handel mit Emissionszertifikaten für ökonomisch effizient. Schließlich wird hier auf marktwirtschaftliche Mechanismen gesetzt. Wirtschaftliche Akteure profitieren von der Reduktion ihrer Emissionen, da sie keine Emissionszertifikate mehr erwerben müssen oder die ihnen zustehenden Zertifikate sogar gewinnbringend weiterverkaufen können. Die Potentiale eines solchen Systems erkennt etwa auch *Fridays for Future* an: »Eine CO_2-Steuer und das ETS [Europäischer Emissionshandel, J. M.-S.] sind kein Widerspruch, sondern können sich ergänzen.«[14] Und sogar bei *Extinction Rebellion* finden sich Stimmen, die den Emissionshandel nicht prinzipiell ablehnen, sondern – mit vollem Recht – vor allem die niedrigen Preise der Zertifikate kritisieren.[15]

Nur empirisch kann geklärt werden, welche Strategie sicher und mit möglichst geringen Kosten zum Ziel der Klimaneutralität führt. Deswegen braucht die Gesellschaft eine offen geführte Debatte um Effizienz. Indem die junge Klimaschutzbewegung dies anerkennt, verweigert sie die Annahme einer effizienzkritischen Grundhaltung, die schnell zur mentalen Hypothek werden kann.

Klima im Querschnitt

Eine Hauptthese dieses Buches besagt, dass die Herstellung von Gerechtigkeit zwischen den Generationen eine Querschnittsaufgabe ist, die in sehr verschiedenen Bereichen politischen Handelns berücksichtigt und bewältigt werden muss. Was bedeutet dies für den Klimaschutz?

Die Verwobenheit der Klimapolitik mit anderen zentralen Politikfeldern zeigt sich ganz konkret in den Diskussionen um die Finanzierung des Klimaschutzes. Nicht wenige setzen hier vor allem auf neue Schulden. Wo erzählt wird, dass es beim Klima nur um die Zukunft gehe, liegt schließlich der Gedanke nahe, die Zukunft in Form von Schulden für den Klimaschutz zur Kasse zu bitten. Für die Älteren könnte die Lage kaum besser sein: Erst überziehen sie jahrzehntelang ihr Emissionsbudget zu Lasten der Jüngeren. Dann reden sie erfolgreich sehr viel über die Zukunft und sehr wenig über die Vergangenheit. So erreichen sie am Ende, dass der Klimaschutz zu großen Teilen über Schulden finanziert wird, für die ebenfalls vor allem die Jüngeren aufkommen werden.

Auch eine effektive Klimapolitik kann das Ziel der Gerechtigkeit zwischen den Generationen also krachend verfehlen.

Ein weiteres, grundsätzliches Problem gesellt sich hinzu. Die Größe der klimapolitischen Herausforderungen trägt dazu bei, dass andere zentrale Felder des Konflikts zwischen den Generationen noch stärker aus der öffentlichen Wahrnehmung verdrängt werden. Die politisch Aktiven unter den Jüngeren engagieren sich in übergroßer Mehrheit für den Klimaschutz. Wo aber wird heute die Lage der Rente in 30 oder 40 Jahren mit angemessenem Problembewusstsein seriös diskutiert? Wo wird über die verschleppte Digitalisierung, die die Jüngeren noch teuer zu stehen kommen kann, nicht nur oberflächlich gestritten? Wo wird an ernsthaften politischen Plänen zur Beendung der digitalen Misere gearbeitet?

Mit der Rettung des Klimas allein, so groß diese Aufgabe auch ist, ist es noch nicht getan. Auch deswegen ist es gefährlich, die Älteren in der Klimadebatte als selbstlos und fürsorglich Handelnde darzustellen. Diese Rhetorik kann die Älteren zu der Einstellung veranlassen, dass mit der Großzügigkeit gegenüber der Jugend irgendwann auch einmal Schluss sein kann und sein darf und vielleicht sogar sein muss. Wir helfen euch doch schon beim Klima, und jetzt sprecht ihr auch noch von der Rente: Wie undankbar ist das denn! Einer solchen Mentalität leistet der Klimadiskurs gegenwärtig Vorschub. Also sind die Jüngeren selbst gefragt. Sie müssen lautstark daran erinnern, dass in jedem Politikfeld nach Gerechtigkeit zwischen den Generationen gefragt werden muss und dass jenseits des Klimas noch andere Rechnungen offengeblieben sind.

2 Nehmen und Geben: Rente, Schulden, Wohnen

Der Klimakonflikt ist ein materieller Konflikt, ein Konflikt um die Verteilung von Klimaschutzkosten. Zugleich besitzt er eine starke kulturelle Komponente. Diese Verbindung von materiellen Fragen und kulturell-weltanschaulichen Aspekten prägt auch die Diskussionen um die Rente, die Verschuldung und das Wohnen. Die Themen bieten reichlich Stoff für den politischen Kulturkampf: Soll privat für das Alter vorgesorgt oder aber die staatliche Rentenversicherung gestärkt werden? Ist die schwarze Null der Inbegriff solider Politik oder ein schädlicher politischer Fetisch? Dass es bei der Rente, bei den Schulden und beim Wohnen zugleich um materielle Fragen geht, versteht sich von selbst.

Ebenso liegt auf der Hand, dass alle drei Themenfelder für

die Beziehungen zwischen den Generationen zentral sind. Ältere und Jüngere sind aufeinander angewiesen, wenn ein Rentensystem funktionieren und eine staatliche Finanzpolitik nicht
scheitern soll. Ungelöste Konflikte wirken sich spürbar auf das
eigene Leben aus – Grund genug, auch hier nach der (Un-)Ge-
rechtigkeit zwischen den Generationen zu fragen.

Der gebrochene Rentenvertrag

Das Rentensystem gilt als das klassische Beispiel eines Vertrags zwischen den Generationen, der auf wechselseitigem Geben und Nehmen beruht. Die Grundidee ist einfach: Die jeweils
erwerbstätigen Generationen kümmern sich zum einen um die
Erziehung und Ausbildung ihrer Kinder. Zum anderen finanzieren sie die Renten der Älteren. Jede Generation steht dadurch in
einem doppelten Verhältnis der Wechselseitigkeit zu den zeit-
lich gesehen benachbarten Generationen. Sie nimmt in Kindheit, Jugend und Ausbildung etwas von ihren Eltern und gibt
diesen in Form von Rentenleistungen etwas zurück. Sie gibt
ihren eigenen Kindern eine Erziehung und Ausbildung und bezieht von ihnen eine Rente. Gerecht ist ein solches Verhältnis
zwischen Eltern und Kindern dann, wenn faire Wechselseitigkeit herrscht, wenn sich auf allen Seiten Geben und Nehmen
die Waage halten.

Warum ist das so? Schon im Begriff »Vertrag zwischen den
Generationen« ist die Antwort enthalten. Die bindende Kraft
von Verträgen, ihr normatives Gewicht, beruht auf Freiwillig-
keit. Ein Mensch ist an einen Vertrag gebunden, insofern er ihn
aus freien Stücken geschlossen hat. Er wird dies dann tun, wenn
er selbst vom Vertrag auch profitiert. Dabei muss ihm klar sein,
dass auch der Vertragspartner mit dem Vertrag ein eigenes Interesse verfolgt und ebenfalls profitieren möchte. Beide Seiten
haben daher allen Grund dazu, sich bei ihren Vorschlägen zur

Ausgestaltung des Vertrags in den anderen hineinzudenken und dessen Interesse mitzuberücksichtigen. So entsteht am Ende ein Ausgleich, bei dem aus Sicht beider die empfangene Leistung der dem anderen gegenüber erbrachten Leistung entspricht.

Natürlich ist der Vertrag zwischen den Generationen kein Vertrag im Wortsinn. Niemand unterschreibt einen solchen Vertrag etwa dann, wenn er volljährig geworden ist – und niemand kann sich ihm entziehen. Es hat dennoch seinen Grund, dass etwa häufig vom Rentenvertrag gesprochen wird. Diese Redeweise bringt die normative Idee freiwilliger Wechselseitigkeit zum Ausdruck, wie sie mit Verträgen untrennbar verbunden ist. Der Vertrag zwischen den Generationen muss so gestaltet sein, dass ihn beide Seiten freiwillig unterschreiben *könnten*. Je mehr sich die faktischen Verhältnisse von einem zustimmungsfähigen Vertrag entfernen, desto ungerechter werden sie.

Um den Rentenvertrag zwischen den Generationen gerecht zu gestalten, müssen sich die Älteren zunächst vier Fragen stellen:

1. Wie lange werden wir leben?
2. Wie lange wollen wir arbeiten?
3. Wie hoch soll unsere Rente sein?
4. Wer kann und soll die Rente bezahlen?

In ehrlichen Antworten auf diese Fragen beschreiben die älteren Generationen ihre Idealvorstellung der eigenen Rentenzeit. Im nächsten Schritt sehen sie sich mit der harten Realität konfrontiert: Wie sind die gesteckten Ziele praktisch zu erreichen, wenn sie im Rahmen eines Vertrags mit den Jüngeren verwirklicht werden sollen? Was muss getan werden, damit die Jüngeren dem Vertrag zustimmen? Und ab wann liegt faire Wechselseitigkeit vor?

Es ist wichtig, sich diesen idealen Ablauf der Ausgestaltung konkreter Rentenpolitik vor Augen zu führen. Nur so wird das Ausmaß der Ungerechtigkeit im gegenwärtigen Rentensystem sichtbar.

Die Probleme beginnen mit der vierten Frage. Wer kann und soll die Rente bezahlen? Wo diese Frage gestellt wird, ist die Klage über den demographischen Wandel nicht weit. Wer vom »Wandel« redet, beschreibt die Alterung der Gesellschaft als einen quasi naturgegebenen Prozess. Am Wandel selbst ist nichts zu ändern. Es kommt vielmehr darauf an, mit ihm klug umzugehen, ihn zu »gestalten«.

Durch die Rede vom Wandel wird das Problem auf eine Weise beschrieben, die den Interessen der Älteren dient. Die Jüngeren sollten bereits an dieser Stelle Einspruch erheben. Denn der demographische Wandel ist das Ergebnis demographischer Entscheidungen, die die Älteren getroffen haben, indem sie weniger Kinder bekamen. Die Rede vom Wandel verdeckt, dass Entscheidungen die Entwicklung maßgeblich prägen.

Prozesse der Liberalisierung und Techniken der Verhütung haben das Ausmaß an reproduktiver Freiheit seit der Mitte des 20. Jahrhunderts enorm vergrößert. Diese Entwicklung kann nur begrüßt werden. Mehr und mehr sind Menschen dadurch in der Lage, eigenständig zu entscheiden, ob und wann sie Kinder bekommen möchten. Die Bedeutung einer vergrößerten reproduktiven Freiheit für den Kampf um die Gleichberechtigung der Geschlechter ist kaum zu überschätzen.

Jede Freiheit ist aber auch untrennbar mit Verantwortung verbunden. Wer sich frei entscheiden kann, muss für die Konsequenzen seiner Entscheidung einstehen. Warum sollte das bei der reproduktiven Freiheit anders sein? Es versteht sich dabei von selbst, dass die hier diskutierte Verantwortung von Männern und Frauen gemeinsam getragen werden muss. Eine Diskussion des Rentenkonflikts zwischen den

Generationen kann daher mit der Feststellung beginnen: Gemessen an dem, was sie sich von ihrer Rente versprechen, haben die älteren Generationen schlichtweg zu wenig Kinder bekommen.

Die Älteren hätten sich schon vor Jahrzehnten den Konsequenzen ihrer demographischen Entscheidungen stellen müssen. Dabei standen und stehen ihnen grundsätzlich drei Möglichkeiten zur Verfügung:

1. Sie können sich mit deutlich niedrigeren Renten begnügen, die von den zahlenmäßig schwächeren jüngeren Generationen auch gut erwirtschaftet werden können.
2. Sie können während der Zeit ihrer Erwerbstätigkeit weitaus umfangreicher für das Alter vorsorgen, ob durch höhere Beiträge zur Rentenkasse, Aktien oder betriebliche Vorsorge.
3. Sie können auf eine aktive Zuwanderungspolitik setzen. Zugewanderte könnten die jüngeren Generationen verstärken und sie somit in die Lage versetzen, den Rentenforderungen der Älteren nachzukommen.

Was aber haben die Älteren getan? Sie haben keine einzige der drei Möglichkeiten entschlossen ergriffen, sondern das Thema Jahr um Jahr ausgesessen.

Hier begegnet uns erneut dasselbe Muster wie beim Klimaschutz: Die Älteren nutzen ihre aus der früheren Geburt resultierende Macht, um seit langer Zeit absehbare, sich immer weiter verschärfende Schwierigkeiten zu ignorieren. Auf diese Weise wächst sich ein Problem zu einem handfesten Konflikt zwischen den Generationen aus. Wenn der Zeitpunkt kommt, an dem der Konflikt nicht länger übersehen werden kann, ist die Position der Älteren im Gefüge der Generationen längst gefestigt. Sie haben allen Grund zu der Annahme, wie gewohnt als

Sieger aus dem Konflikt hervorzugehen. Denn die Vergangenheit ist nicht mehr zu ändern. Und diese Vergangenheit steht klar auf ihrer Seite.

Wohl dem, der schon in Rente ist

Im Mittelpunkt des Rentensystems steht eine Umverteilung von den erwerbstätigen Generationen hin zu den nicht mehr im Beruf stehenden Generationen. Im Laufe ihrer Erwerbstätigkeit sammeln Versicherte Rentenpunkte, an denen sich ihre späteren Renten bemessen. Ihre Einzahlungen in die Rentenversicherung werden nicht auf die hohe Kante gelegt oder möglichst klug investiert (dies entspräche dem »Kapitaldeckungsverfahren«), um aus ihnen später einmal die eigenen Renten zu bezahlen. Vielmehr werden sie direkt wieder zur Finanzierung der aktuellen Rentenzahlungen ausgegeben (das sogenannte »Umlageverfahren«).

Dies System hat den Vorteil, dass die Gerechtigkeit oder Ungerechtigkeit der bestehenden Verhältnisse relativ leicht und anhand von zwei Kriterien beurteilt werden kann:

1. Wo es gerecht zugeht, bleibt das Leistungsniveau der Rente konstant. Damit ist nicht gemeint, dass alle am System Beteiligten dieselben Leistungen erhalten. Diese Form von Gleichbehandlung hat das Rentensystem noch nie gekannt. Gemeint ist vielmehr, dass das Verhältnis von erbrachten und erhaltenen Leistungen unabhängig von der Zugehörigkeit zu einer bestimmten Generation gleichbleibt. Zentrale Bezugsgrößen sind hierbei die Anzahl der Beitragsjahre, das gewöhnliche Renteneintrittsalter sowie das Rentenniveau. Dies bezeichnet die Höhe der Rente im Vergleich zum durchschnittlichen Einkommen, welches ein Mensch während seiner Berufszeit erzielt hat. Konstant ist das Leistungsniveau dort, wo Änderungen zu Lasten einer Generation nur durch solche Umstände gerechtfer-

tigt werden, die in dieser Generation selbst begründet liegen. Wenn eine Generation länger lebt, kann es durchaus gerechtfertigt sein, dass sie auch länger arbeitet und später in Rente geht. Nicht gerechtfertigt ist hingegen, wenn eine Generation länger arbeiten muss, um die Renten vorheriger Generationen zu finanzieren.

2. Eine gerechte Einrichtung des Rentensystems zeigt sich unter anderem in dem Umstand, dass das Umlageverfahren funktioniert und die Einnahmen der Rentenversicherung in etwa den Ausgaben entsprechen. Das »in etwa« ist dabei zu betonen, da es natürlich immer wieder aufgrund der wirtschaftlichen Entwicklung zu Schwankungen im Verhältnis von Einnahmen und Ausgaben kommen kann. Wo die Einnahmen die Ausgaben in etwa decken, kann von einem ausgeglichenen und damit gerechten Verhältnis zwischen erwerbstätigen und rentenbeziehenden Generationen gesprochen werden. Der Rentenvertrag wird erfüllt. Die verrenteten Generationen beanspruchen eine Summe für sich, die aus den Beiträgen der jüngeren, arbeitenden Generationen gut gezahlt werden kann.

Die Realität sieht anders aus. Dies zeigt zunächst die Differenz von Einnahmen und Ausgaben. Die Beiträge der Versicherten reichen bei weitem nicht aus, um die Zahlungen der aktuellen Renten zu finanzieren. Die Lücke zwischen Einnahmen und Ausgaben muss der Bund aus Steuermitteln schließen. Bereits 1950 überwies der Bund 341 Millionen Euro an die Rentenversicherung. Seither hat sich dieser sogenannte Bundeszuschuss Jahr für Jahr erhöht. Aus der Lücke ist längst ein tiefer Krater geworden. 2020 betrug der Bundeszuschuss stolze 72,3 Milliarden Euro[1]. Oder anders ausgedrückt: Der Bund überwies alles in allem knapp 94 Milliarden und damit gut mehr als ein Fünftel des gesamten Bundeshaushaltes an die Rentenversicherung.[2]

Diese Zahlen bedürfen näherer Einordnung. Ein Teil der

Gelder dient dem Ziel, spezielle Kosten wie die Kosten der Deutschen Einheit oder aber die sogenannten versicherungsfremden Leistungen zu finanzieren. Dies sind Leistungen, die die Rentenversicherung zahlt, die aber nicht auf vorherigen Beiträgen der Empfänger und somit auf erworbenen Ansprüchen beruhen. Dazu zählen zum Beispiel die Grundrente (»Respektrente«) oder die Berücksichtigung von Erziehungszeiten in der Rente. Um das hier ausdrücklich zu betonen: Die Zuschüsse aus Steuermitteln für versicherungsfremde Leistungen sind aus Perspektive der Gerechtigkeit zwischen den Generationen grundsätzlich zu begrüßen. Leistungen, die nicht direkt auf dem Rentenvertrag zwischen den Generationen, also auf dem Wechselspiel von Beiträgen und Renten, beruhen, sollten schließlich nicht aus der Rentenkasse finanziert werden.

Der hohe Bundeszuschuss ist also auch immer in diesem Kontext zu betrachten und verliert dadurch ein wenig von seinem Schrecken. Dessen ungeachtet wächst jedoch die Kluft zwischen den Einnahmen aus Versicherungsbeiträgen und den Ausgaben für aktuelle Rentenzahlungen stetig. Damit wird deutlich, dass die Ansprüche der gegenwärtig Verrenteten zu hoch sind, wenn man sie an der Anzahl und Leistungsfähigkeit der aktuellen Beitragszahler misst. Die Älteren hätten für ihre Rente besser vorsorgen müssen, sei es über zusätzliche Kinder, über eine Erhöhung der Zahl der Berufstätigen, über Migration oder über stärkere Sparanstrengungen.

Das Problem liegt somit zuallererst in der *Vergangenheit* begründet, in der unzureichenden Altersvorsorge der älteren Generationen. Was aber erleben wir? In der öffentlichen Diskussion geht es nur um die *Zukunft* der Rente. Das erinnert an unsere Diskussion des Klimaproblems. Und wie immer ist Skepsis dort geboten, wo viel oder zu viel von der Zukunft gesprochen wird. Die verschiedenen Pläne zur Stabilisierung der Rente entpuppen sich schnell als unterschiedliche Wege zum selben Ziel: Letztlich geht es um die einseitige Kürzung der Rente zukünftiger Generationen von Rentnerinnen und Rentnern.

Dabei sollte klar sein: Wenn die Einnahmen aus den Beiträgen die bestehenden Rentenansprüche nicht mehr decken können, dann sind diese Ansprüche offenkundig überzogen und gehören entsprechend korrigiert. Eine entschiedene Rentenkürzung für die Älteren wäre die logische Konsequenz, die aus der Schieflage des Systems zu ziehen ist. Doch gleicht die Scheu, auch nur den Gedanken an eine Rentenkürzung zu wagen, hierzulande der Angst vor der Verletzung eines religiösen Tabus. Ärger mit einer immer älter werdenden Wählerschaft will offenbar niemand bekommen.

Statt das Problem aktiv anzugehen, wird es in der Kette der Generationen weitergereicht. Die jüngeren Reformen des Rentensystems lassen sich abstrakt so beschreiben: Generation A, die mittlerweile in Rente ist oder kurz vor dem Renteneintritt steht, hat zu wenig für ihre Altersvorsorge getan. Die Rentenansprüche, die sie stellt, kann die nachfolgende Generation B nicht finanzieren, die momentan die große Mehrheit der Berufstätigen stellt. Konsequent wäre es, die Rentenansprüche der Generation A zusammenzustreichen. Was aber passiert? Die Politik diskutiert über die Zukunft der Rente der Generation B. Muss B länger arbeiten, muss das Rentenniveau von B sinken? Die Politik diskutiert damit aber zugleich nicht mehr das Verhältnis zwischen A und B, sondern das Verhältnis zwischen B und C. Mit den Rentenzahlungen an B hat die ältere Generation A nichts zu tun, denn die noch in den Kinderschuhen steckende Generation C wird die Rente von B später erwirtschaften müssen.

Noch einmal: Um die überzogenen Rentenansprüche der Nachkriegsgeneration und der Babyboomer zu bezahlen, wird das Leistungsniveau der Rente für die Generation X und noch stärker für die Millennials und die ihnen nachfolgenden Generationen Z und Alpha zusammengestrichen. Was an Lücken bleibt, wird mit Steuergeld zugeschüttet. Die Jüngeren wären aus einem derart unvorteilhaften Vertrag schon längst ausgestiegen, wenn sie denn nur könnten. Doch wieder haben die Älteren Glück und halten die Macht in ihren Händen. Eine Kündigung des Vertrags ist leider nicht vorgesehen. Stattdessen werden die Jüngeren mit dem Hinweis vertröstet, dass schlechte Rentenprognosen sich noch immer als unbegründet erwiesen hätten. Zuwächse an Produktivität und Wirtschaftskraft werden die Sache schon richten. Auch die Strategie hinter dieser Argumentation sollte uns bekannt vorkommen: Denn der Gedanke ist ungefähr so solide wie der in der Klimadebatte gern gegebene allgemeine Hinweis, eine erst noch zu entdeckende Technik werde die Dinge schon ins Lot bringen und im Moment des Bedarfs pünktlich um die Ecke kommen. Wer nur auf Zuwächse an Produktivität setzt, geht eine ungewisse Wette auf die Zukunft und zu Lasten der Altersvorsorge der Jüngeren ein.

Es wäre richtig und geradezu notwendig, dass eine vorausschauende Rentenpolitik alle Generationen in den Blick nimmt, auch die gerade erst oder noch nicht Geborenen. In einer Zeit, in der die durchschnittliche Lebenserwartung kontinuierlich steigt, kann etwa eine Erhöhung des Renteneintrittsalters plausibel gerechtfertigt werden. Wenn die heute Jüngeren immer älter werden und gleichzeitig nicht länger arbeiten möchten, werden die noch ungeborenen Generationen deren Renten kaum finanzieren können. Eine Beibehaltung des Renteneintrittsalters hätte in dem Fall zwangsläufig eine deutliche Erhöhung der Rentenbeiträge oder aber ein empfindliches Absenken des Rentenniveaus zur Folge.

Die Jüngeren haben also Änderungen hinzunehmen, um sich nicht selbst ungerecht gegenüber den noch Jüngeren, heute oftmals noch nicht Geborenen zu verhalten. Solche Änderungen tragen aber nichts dazu bei, die Gerechtigkeitslücke zwischen den *gegenwärtig* Älteren und Jüngeren in der Rente zu schließen. Diese Lücke wird nicht nur nicht diskutiert, sie wird am liebsten gleich verschwiegen. Norbert Blüm als Inkarnation der Rentensicherheit (»Die Rente ist sicher!«) brachte es ganz unverblümt auf den Punkt:

> Es führt kein Weg dran vorbei, die Jungen bezahlen die Alten, und wenn es weniger Junge gibt, müssen die Jungen mehr bezahlen. Das ist ne Wahrheit, die ist unumstößlich, die hat schon im Neandertal gegolten, und die wird selbst noch gelten, wenn wir auf dem Mars landen.[3]

Blüms Aussage ist ebenso erfrischend ehrlich wie unverschämt. Hier kommt die ganze Nonchalance von Generationen zum Ausdruck, die wissen, dass *ihre* Renten sicher sind. Wie wäre es mit dem Gedanken, dass die Jüngeren weniger sind und deswegen jedem Einzelnen der vielen Älteren auch *weniger* zahlen müssen? Ein solcher Ansatz wird offenbar für so verrückt gehalten, dass er nicht einmal einer kritischen Diskussion bedarf. Machen wir uns lieber nichts vor: Die jungen Neandertaler dürften das Problem anders gelöst haben.

Um die Bevorzugung der Älteren zu verteidigen, wird oftmals kein *normatives*, auf Moral und Gerechtigkeit abzielendes Argument angeführt. Stattdessen wird beständig eine *rechtliche* Argumentation wiederholt. Sie besagt, dass es sich bei einmal erworbenen Renten und Rentenanwartschaften um Eigentum handelt. Bestehende Ansprüche unterliegen der Eigentumsgarantie des Grundgesetzes, so dass dem Gesetzgeber nur wenig Spielraum für Veränderungen bleibt. Ein Mitglied der älteren Generation liegt also rechtlich gesehen gar nicht so falsch, wenn es sagt: »Meine Rente gehört mir!« Wie aber soll ein System gerecht sein, das es den Älteren erlaubt, eine Sache als Eigentum zu erwerben, die noch nicht existiert und von den Jüngeren überhaupt erst einmal erwirtschaftet werden muss?

Die Liste der Spannungen im Verhältnis zwischen den

Generationen, welche mit dem System der Alterssicherung verbunden sind, ließe sich noch erheblich verlängern. So haben Vorruhestandsregelungen immer wieder auf Kosten der jüngeren Generationen Maßnahmen zum Stellenabbau »sozial abgefedert«. Es ist sicher nicht Aufgabe des Rentensystems, Stellenstreichungen zu finanzieren. Auch ist an dieser Stelle noch kein Wort über das Problem massiv steigender Pensionskosten verloren worden. Sie werden die öffentlichen Haushalte in den kommenden Jahrzehnten enorm belasten. So prognostiziert das Bundesministerium für Arbeit und Soziales im Sozialbericht 2021, dass die Ausgaben für Beamtenpensionen allein zwischen 2020 und 2025 um fast 25 Prozent von 65,5 auf 81,3 Milliarden Euro steigen werden.[4]

Da so viele Hiobsbotschaften auf Dauer schlechte Laune verbreiten, hält die Politik für die Jüngeren eine Zauberformel bereit: Kümmert euch um euch selbst, betreibt private Vorsorge! Die konkurrierenden Modelle, die diskutiert werden, sind kaum noch zu überblicken. Sie erfordern eine eigene detaillierte ökonomische und sozialpolitische Untersuchung, die hier nicht geleistet werden kann.

Entscheidend ist ohnehin ein anderer Aspekt: Private Vorsorge und die mit ihr verbundenen politischen Erwartungen führen besonders deutlich vor Augen, warum die Gerechtigkeit zwischen den Generationen als Querschnittsaufgabe verstanden werden muss. Denn die private Altersvorsorge verliert in der Zusammenschau der Problemfelder den Großteil ihres Glanzes. Zunächst einmal kann es kaum als gerecht bezeichnet werden, dass die Jüngeren privat (und betrieblich) massiv für das Alter vorsorgen sollen, die Beiträge zur gesetzlichen Rentenversicherung aber unverändert hoch bleiben. Mehr noch, private Vorsorge wird in einer Zeit verlangt, in der der klimaneutrale Umbau der Gesellschaft öffentliche Ressourcen in großem Umfang bindet. Der Staat schiebt zudem einen pandemiebedingten Schuldenberg vor sich her, den es zu bewältigen gilt. Der Spielraum für Erleichterungen, die dem Einzelnen mehr Raum für private Altersvorsorge eröffnen würden, ist somit denkbar eng. Private Vorsorge wird schließlich in einer Phase explodierender Immobilienpreise verlangt, die ein Eigenheim und damit ein zentrales Element einer solchen Vorsorge für viele Jüngere unbezahlbar machen.

Klima, Schulden, Wohnen: In all diesen Politikfeldern tun sich Lücken in der intergenerationellen Gerechtigkeit auf. Angesichts dessen erscheint das Lob privater Vorsorge für das eigene Alter als bequeme Ausrede, um eigene Privilegien zu schützen. Der erhobene Zeigefinger der Älteren ist schon in Sicht: Wieder diese Jugend! Warum hat die denn nicht vorgesorgt? Sie wusste doch, dass sie von der staatlichen Rente nicht viel zu erwarten hat! Bei so viel Selbstgerechtigkeit gerät schnell in Vergessenheit, dass die gescholtenen Jüngeren vor allem damit beschäftigt sind, die unbeglichenen Rechnungen ihrer Eltern und Großeltern abzustottern. Erneut zeigt sich: Es braucht den Querschnitt, das Zusammendenken verschiedener Politikfelder, um Probleme der Ungerechtigkeit zwischen den Generationen angemessen zu erfassen.

Die Rente bietet zweifelsohne genügend Potential für einen echten Konflikt zwischen Älteren und Jüngeren. Er lässt sich sicher nicht dadurch vermeiden, dass gebetsmühlenartig die Lebensleistung der Älteren betont und vor falschen Neiddebatten gewarnt wird. Die Jüngeren haben gute Gründe, sich um ihre Altersvorsorge zu sorgen. Ein Vertrag zwischen den Generationen, dem die eine Vertragspartei nicht mehr vertraut, ist in ernster Gefahr. Das Mindeste, was die Jüngeren erwarten dürfen und einfordern müssen, ist eine offene und transparente Diskussion. Vielleicht zeigt sich in einer solchen Debatte, dass das Misstrauen der Jüngeren unbegründet gewesen ist. Vermutlich wird sich aber herausstellen, dass kein Weg daran vorbeiführt, den Rentenvertrag völlig neu zu verhandeln. Die Lasten zwischen Jüngeren und Älteren müssen umverteilt werden.

Verschuldung und Verantwortung

Im revolutionären Chaos des Herbstes 1789 weilte Thomas Jefferson als Botschafter der frisch gegründeten Vereinigten Staaten von Amerika in Paris. Um ihn herum wurde Weltgeschichte betrieben. Das hielt ihn nicht davon ab, sich sehr grundsätzliche Gedanken über die Beziehungen zwischen den Generationen in seiner fernen Heimat zu machen. Jefferson, einer der Gründerväter der USA und ab 1801 deren dritter Präsident, schrieb am 6. September aus Frankreich an seinen langjährigen Vertrauten James Madison. Dieser hatte zentrale Passagen der US-Verfassung wie der *Bill of Rights* entworfen und wurde 1809 Nachfolger Jeffersons als vierter US-Präsident.

»Die Frage«, so beginnt Jefferson seinen Brief, »ob eine Generation von Menschen das Recht hat, eine andere zu binden, scheint weder diesseits noch jenseits des Ozeans jemals gestellt worden zu sein.«[5] Jefferson verneint die Berechtigung einer solchen Bindung über Generationen hinweg entschieden. Im Folgenden legt er Madison seine Grundsätze der Beziehungen zwischen den Generationen dar. Er führt dabei als Beispiele eine langjährig stabile Verfassung und den Umgang mit staatlicher Verschuldung an. Seine Ausführungen zur Finanzpolitik beginnen mit einem starken Bild. Kein Mensch dürfe Schulden aufnehmen und mit seinem Landbesitz dafür bürgen, wenn er seine Erben als spätere Landbesitzer dadurch verpflichtet, diese Schulden einmal zurückzuzahlen. Denn dann wäre es ihm gestattet, »den Nutzwert, den das Land für mehrere künftige Generationen besitzt, während seines eigenen Lebens aufzuessen. Das Land würde dann den Toten und nicht den Lebenden gehören.«[6]

Wo Schulden weitergegeben werden, beherrschen die Toten die Lebenden, regiert die Vergangenheit die Gegenwart. Das ist die zentrale Botschaft Jeffersons. Der Landbesitzer kann die Erträge künftiger Jahre durch Verschuldung schon vorab verbrauchen. Die später geernteten Früchte gehören dann den

Gläubigern. Folgt man dem Anthropologen David Graeber, dann spricht Jefferson hier ein Problem an, das menschliche Gesellschaften und gerade auch die Beziehungen zwischen den Generationen schon in grauer Vorzeit prägte:

> Seit vielen tausend Jahren wird der Kampf zwischen Reichen und Armen überwiegend in Form von Konflikten zwischen Gläubigern und Schuldnern ausgetragen. [...] Ebenso haben in den letzten 5000 Jahren mit bemerkenswerter Regelmäßigkeit Volksaufstände auf gleiche Weise begonnen: mit der rituellen Zerstörung von Schuldverzeichnissen.[7]

Schulden bergen sozialen Sprengstoff. Das gilt auch für das Problem der Staatsverschuldung, auf welches Jefferson seine grundsätzlichen Überlegungen überträgt. Da keine Generation die nächste binden darf, muss nach seiner Ansicht folgendes Prinzip akzeptiert werden: »Keine Generation darf Schulden aufnehmen, die sie nicht innerhalb der Zeit ihrer eigenen Existenz zurückzahlen kann.«[8] Jefferson legt Madison sogar eine konkrete Berechnung vor, für die er von damals bekannten demographischen Daten ausgeht: Wenn die US-Amerikaner im Durchschnitt mit 55 Jahren versterben, dann dürfe ein 54-Jähriger oder die Generation der 54-Jährigen nur dann einen Kredit aufnehmen, wenn dieser innerhalb eines Jahres zurückgezahlt werden kann.

Jefferson ist sich der Probleme bewusst, die sein Modell aufwirft. Generationen treten nicht geschlossen zu einem vorab bekannten Zeitpunkt von der Bühne ab. Ihre Lebenszeiten und damit auch ihr politisches Wirken überschneiden sich. Saubere zeitliche Trennungen zwischen den Generationen sind daher in der Realität nicht möglich.

Der Grundgedanke seiner Überlegungen bleibt davon jedoch unberührt. Eine jede Generation muss mit den Mitteln auskommen, die ihr zur Verfügung stehen. Sie darf sich nicht durch übermäßige Verschuldung die Mittel späterer Generationen aneignen: »Der Nutzwert der Erde gehört den Lebenden.«[9] Dies Prinzip nimmt Landerträge in den Blick, da es einer ganz überwiegend agrarisch geprägten Gesellschaft entstammt. Es kann jedoch auf heutige Verhältnisse übertragen werden: Die gegenwärtigen Generationen sind dazu berechtigt, die selbst erwirtschafteten Ressourcen und Gewinne nach eigenem Ermessen zu verbrauchen. Sie dürfen sich aber weder die Ressourcen und Gewinne der Zukunft aneignen noch die Grundlagen dieser Gewinne (»die Erde«) so ausbeuten, dass für die Zukunft nichts mehr bleibt.

Ist die Regel, dass eine jede Generation die aufgenommenen Schulden auch selbst wieder abzubezahlen hat, allgemein und ohne jede weitere Einschränkung gültig? Schon Madison hatte seine Zweifel. Er schreibt in seinem Antwortbrief an Jefferson:

Schulden können für Zwecke aufgenommen werden, die den Lebenden ebenso wie den Ungeborenen zugutekommen. [...] Schulden können sogar vorwiegend zum Nutzen der Nachwelt aufgenommen werden. [...] Unverzichtbar ist lediglich, dass die Rechnung zwischen den Toten und den Lebenden ausgeglichen ist. Die den Lebenden hinterlassenen Schulden dürfen die von den Toten gemachten Fortschritte nicht übersteigen.[10]

Madison ermahnt Jefferson in seiner Antwort mit Recht, das große Ganze im Auge zu behalten und nicht nur auf den jeweiligen Schuldenstand zu schauen. Wenn mit den Schulden große Projekte finanziert werden, von denen auch spätere Generationen profitieren, dann kann Verschuldung nicht nur gerechtfertigt sein, sondern im ureigenen Interesse späterer Generationen liegen. Um noch einmal an das Bild des gut geführten Bauernhofes vom Beginn des Buches zu erinnern: Ein Großprojekt wie die Kernsanierung des Haupthauses kann so viel Geld verschlingen, dass die Altbauern darauf angewiesen sind, einen Teil der Maßnahme über einen Kredit zu finanzieren. Da die bald einziehenden Jungbauern auf Jahrzehnte hin von der Sanierung profitieren werden, erscheint es nur fair, wenn sie selbst einen Teil des Kredits abbezahlen und sich somit an den Kosten beteiligen.

Dem Briefwechsel zwischen Jefferson und Madison lassen sich somit zwei Prinzipien gerechter Schuldenpolitik entnehmen:

1. Die älteren Generationen dürfen nicht durch Verschuldung *konsumieren*, was den jüngeren Generationen gehört. Eben darauf zielt Jeffersons Charakterisierung des habgierigen Menschen ab. Dieser verspeist wortwörtlich die Ernte späterer Jahre, indem er sie verpfändet und das erhaltene Geld verprasst. Warum dieses Prinzip gilt, ist leicht einzusehen. Denn aus einer solchen Verschuldung ziehen die Jüngeren keinerlei Gewinn. Vielmehr werden ihre eigenen Interessen im Vorhinein erheblich verletzt. Wer wie der von Jefferson beschriebene Mensch handelt, nutzt seine auf der eigenen zeitlichen Position im Gefüge der Generationen beruhende Macht rücksichtslos aus. Er bereichert sich auf Kosten der Jüngeren.

2. Verschuldung kann, so Madison, durchaus gerechtfertigt werden. Dies ist genau dann der Fall, wenn die durch Kredite verfügbar gewordenen Mittel so genutzt werden, dass auch spätere Generationen von Investitionen profitieren. Auch hier liegt die Begründung des Prinzips auf der Hand. Spätere Generationen gehören zum Kreis der Nutznießer solcher Maßnahmen. Es ist daher nur gerecht, wenn sie sich an deren Kosten beteiligen. Madison nennt als konkrete Beispiele in seinem Brief sowohl die Verteidigung des neu gegründeten Staates gegen eine mögliche (englische) Eroberung als auch vor allem den Aufbau der staatlichen Strukturen der USA selbst.[11]

Das Beispiel leuchtet ein. Die Gründung eines Staates und die Errichtung einer funktionierenden Administration verschlingen große Ressourcen, die eine Generation von Staatsgründern kaum allein aufbringen kann. Da spätere Generationen ein starkes Interesse an einem funktionierenden Staatswesen haben, ist es nur gerecht, sie an den hohen Kosten dieses historischen Projektes zu beteiligen.

Allerdings darf nicht übersehen werden, dass Madison sein Prinzip der gerechten Beteiligung späterer Generationen an der Tilgung von Schulden mit einer wichtigen Einschränkung versieht. Das Weiterreichen und Vererben von Schulden ist nur dann gerecht, wenn es in einem ausgewogenen Verhältnis zu den Fortschritten steht, welche die »Toten«, also die vorherigen Generationen, erzielt haben. Eben deswegen spricht Madison von einer »ausgeglichenen Rechnung«. Damit ist ein Prinzip der Verhältnismäßigkeit formuliert. Generationsübergreifende Großprojekte müssen von allen beteiligten Generationen solidarisch geschultert werden. Die Beteiligung späterer Generationen an den Kosten ist nur dann akzeptabel, wenn die älteren Generationen selbst einen angemessenen Beitrag leisten.

Staatsschulden und schwarze Nullen

Eine Familie geht zur Bank und beantragt einen stattlichen Kredit. Im Gespräch mit der Familie kommen der Bankmitarbeiterin Zweifel. Zu den Eltern sagt sie: »Sie werden, wenn ich das hier alles richtig sehe, den Kredit selbst nicht vollständig zurückbezahlen?«

Die Mutter lächelt freundlich und zeigt dann mit stolzer Geste auf ihren Sohn und ihre Tochter: »Ja, genau. Aber diese beiden prächtigen Kinder hier, die werden für den Rest aufkommen.«

»Wie können Sie so sicher sein, dass die beiden den Rest bezahlen wollen und bezahlen können?«

»Nun ja, warum sollten sie das denn nicht können? Dafür ist der Kredit doch gedacht. Der wird sie vorwärtsbringen, dann werden sie ihn schon abbezahlen.«

»Der Kredit ist aber doch zuerst einmal für Ihr Haus gedacht. Da wohnen doch vor allem erst einmal Sie?«, hakt die Bankmitarbeiterin nach.

Jetzt antwortet der Vater: »Natürlich wohnen wir da erst einmal. Aber die Kinder, sie werden doch das Haus bekommen. Wir bauen es ja eigentlich schon für sie, also, für eines von ihnen.«

»Und die Kinder, wie genau sollen sie den Kredit dann bezahlen?«

»Aber das ist doch offensichtlich: Sie wohnen in dem Haus. Wir nutzen auch das Geld für ihre Ausbildung, da passen wir schon auf. Wenn dann alles glatt läuft, werden sie rechtzeitig in guten Jobs landen und den Kredit abbezahlen können. Wo liegt das Problem?«

Die Bankmitarbeiterin wird vermutlich an der Kreditwürdigkeit der Eltern zweifeln. Ihre Zweifel scheinen nicht gänzlich unberechtigt zu sein. In den meisten öffentlichen Debatten zur Staatsverschuldung wird aber auf einem Niveau argumentiert, das dem der gerade erzählten kleinen Geschichte entspricht. Die Sorge um das Wohl der Kinder fehlt in keiner Rechtfertigung des Schuldenmachens. Ebenso wird mit schöner Regelmäßigkeit die einfache Rechnung präsentiert, der zufolge die Schulden von heute die Steuereinnahmen oder Gewinne von morgen sind.

Wer in der Finanzpolitik ernsthaft an Gerechtigkeit zwischen den Generationen interessiert ist, darf sich mit derartigen Allgemeinplätzen nicht zufriedengeben. Eine seriöse Schuldenpolitik muss vielmehr Fragen wie die folgenden plausibel beantworten können: Profitieren die jüngeren und zukünftigen

Generationen tatsächlich von dem, was mit Hilfe von Schulden finanziert wird? Dienen Kredite tatsächlich der Finanzierung von langfristig wirksamen Investitionen oder werden mit ihnen nicht doch vor allem kurzfristig Konsumausgaben finanziert? Oft fällt es schwer, Kreditaufnahmen bestimmten öffentlichen Investitionen klar zuzuordnen. Die Komplexität öffentlicher Haushalte eröffnet naturgemäß großen Spielraum, um Konsum auf Pump zu verschleiern.

Die schuldenpolitische Meistererzählung wird in verschiedenen (partei)politischen Versionen vorgetragen. Für die einen sind es die heute durch Schulden finanzierten Investitionen in die Bildung, welche die Aufstiegschancen von morgen schaffen. Für die anderen sorgen die Schulden der Gegenwart für höheres Wirtschaftswachstum und damit für sprudelnde Steuereinnahmen in der Zukunft. So oder so: Aus den Schulden werden wie durch Zauberhand zwangsläufig Gewinne. Und diese Gewinne ermöglichen es den Jüngeren spielend, die aufgenommenen Kredite zurückzuzahlen.

Das Problem der Erzählung besteht darin, dass die historische Erfahrung sie weitgehend als Märchen entlarvt hat. Obwohl die Bundesrepublik Jahrzehnte des wirtschaftlichen Aufschwungs erlebt hat, ist die Verschuldung der öffentlichen Haushalte von Bund, Ländern und Gemeinden kontinuierlich angewachsen, von 10 Milliarden Euro im Jahr 1950 auf 2,1 Billionen Euro im Jahr 2020.[12] Warum sollte die Erzählung realistisch sein, wenn sie nicht einmal für einen so langen Zeitraum ungetrübter Wohlstandsmehrung aufgeht?

Gefragt ist politische Wachsamkeit der Jüngeren. Sie sollten schnell hellhörig werden, wenn Schuldenmacherei ihnen gönnerhaft als Akt der Zukunftsvorsorge angepriesen wird. Schulden zu Lasten der Jüngeren sind nur dann gerecht, wenn die Jüngeren von ihnen angemessen profitieren. Die Jüngeren haben daher alles Recht, eine neue politische Kultur im Umgang mit Schulden einzufordern. Es sollte selbstverständlich sein, dass offen dargelegt wird, unter welchen Rahmenbedingungen die Aufnahme neuer Schulden welche Vorteile in Zukunft mit sich führen wird. Es versteht sich dabei von selbst, dass solche Prognosen schwierig und mit Unsicherheiten behaftet sind. Doch das ist kein Grund dafür, sie nicht zu entwickeln. Denn sie signalisieren den Jüngeren, dass ihre Perspektive ernst genommen und nicht einfach nur ins Blaue hinein behauptet wird, sie würden schon irgendwie in Zukunft profitieren.

Eine neue politische Kultur muss eingeübt werden – nicht zuletzt angesichts der Erfahrungen Deutschlands im Jahrzehnt nach der Finanz- und Eurokrise. In diesem Zeitraum hat die Bundesrepublik von historisch niedrigen Zinssätzen für die Aufnahme von Krediten enorm profitiert. Dies verführt schnell dazu, das Schuldenproblem auf die leichte Schulter zu nehmen. Doch es steht zu vermuten, dass mit Änderungen der wirtschaftlichen Großwetterlage und dem Ansteigen der Inflationsraten auch die Zinsen wieder steigen werden. Eine ausufernde Staatsverschuldung kann dann schnell zum Problem werden. Zinszahlungen können die öffentlichen Haushalte empfindlich belasten und den Handlungsspielraum späterer Entscheidungsträger erheblich einschränken.

Wem genau nützt eine schuldenfinanzierte Maßnahme? Auch diese Frage hat eine seriöse Schuldenpolitik zu beantworten. Die Politik neigt dazu, jede Form der Investition gleich als Zukunftsinvestition und damit als Förderung des Wohlergehens der jüngeren Generationen zu werten. Dabei kommen viele Investitionen nicht nur den Jüngeren zugute. So sind etwa Maßnahmen zur Verbesserung der Infrastruktur für alle von Nutzen, vom Straßen- und Schienenbau bis hin zu öffentlichen Gebäuden und Stromleitungen. Die Zukunft, von der bei Investitionen fast immer die Rede ist, steht also oftmals direkt vor der Tür.

Madison hat die Möglichkeit, Schulden zu Lasten nachfolgender Generationen aufzunehmen, an eine Bedingung geknüpft: Die Gegenwart selbst muss sich angemessen an anfallenden Kosten für Investitionen beteiligen. Entsprechend ist mit Blick auf neue Schulden immer zu fragen: Leistet die Gegenwart ihren fairen Beitrag?

Erneut kann das Bauernhofbeispiel Orientierung bieten: Die Altbauern können generationengerecht handeln und dauerhaft einen Teil ihrer verfügbaren Mittel investieren. In diesem Rahmen kann es angemessen sein, dass sie zur Finanzierung außergewöhnlich großer, aber notwendiger Investitionen Kredite aufnehmen und so die Jungbauern an den Kosten beteiligen. Die Klage der Jungbauern ist aber gerechtfertigt, wenn die Älteren jahrzehntelang ihr Geld nur für den eigenen Konsum nutzen, wenn sie notwendige Investitionen erst verschleppen und dann über Kredite finanzieren. Die Älteren wären dann ihren Pflichten nicht nachgekommen, den Hof instand zu halten.

Die Forderung nach Gerechtigkeit in Bezug auf Investitionen verlangt, dass dauerhaft ein hinreichend großer Anteil der verfügbaren Mittel eingesetzt wird, um die miteinander geteilte soziale Welt mit all ihren Gütern, Objekten und Elementen instand zu halten und nach Möglichkeit zu verbessern. Die Ungerechtigkeit in den gegenwärtigen Verhältnissen zwischen den Generationen zeigt sich hier in aller Deutlichkeit. Denn die Älteren hinterlassen den Jüngeren nicht nur einen enormen Schuldenberg. Hinzu kommt ein massiver Investitionsstau, der beim Zustand der Verkehrswege und vieler öffentlicher Gebäude beginnt und sich über die völlig unzureichend ausgebaute digitale Infrastruktur bis hin zu unterlassenen Anstrengungen im Klimaschutz fortsetzt. Ein fairer Deal zwischen den Generationen sieht anders aus.

Vor dem Hintergrund dieses Gesamtbildes ist auch die gern geführte Debatte über den Wert und Unwert der schwarzen Null zu interpretieren. Für die eine Seite ist die schwarze Null der Inbegriff einer generationengerechten Finanzpolitik. Für die andere Seite ist die schwarze Null ein Fetisch, der Investitionen in die Zukunft und damit Gerechtigkeit zwischen den Generationen verhindert.

Bei aller Schärfe der Debatte sind sich beide Seiten jedoch darin einig, dem eigentlichen Problem aus dem Weg zu gehen: Die Älteren haben über Jahrzehnte hinweg zu viel konsumiert und zu wenig investiert. Das Problem wird jetzt an die Jüngeren weitergereicht. Gestritten wird in den Gefechten um die schwarze Null letztlich nur über die Art und Weise der Darbietung. Die eine Seite bevorzugt die Präsentation eines ausgeglichenen Haushalts. Dieses Ziel wird durch günstige Zinskonditionen und den weitgehenden Verzicht auf Investitionen erreicht. Die andere Seite bevorzugt die Darreichung großer Investitionspakete, die aber bedauerlicherweise in Zukunft erst noch bezahlt werden müssen. Einmal mehr sehen sich die Jüngeren vor eine schlechte Wahl gestellt.

Lachende Erben – und alle anderen: das Wohnen

Die Probleme auf den Immobilienmärkten sind vielfältig. In den vergangenen Jahrzehnten zog es immer mehr Menschen vom Land in die Städte. Gewandelte gesellschaftliche Vorstellungen vom guten Leben, von Partnerschaft und familiärer Bindung tragen dazu bei, dass immer mehr Menschen allein wohnen. Somit wächst auch der Bedarf an Wohnraum. Günstig verfügbare Kredite und sehr viel ungebundenes Kapital, dem attraktive Anlageoptionen fehlen, haben schließlich dazu geführt, dass die Finanzwirtschaft und die Immobilienmärkte immer stärker miteinander verflochten sind. So wird das Wohnen nach weit verbreiteter Ansicht zur sozialen Frage unserer Zeit, die immer mehr Menschen in ernste Schwierigkeiten bringt.

Auch hier gilt: Die Probleme sind nicht vom Himmel gefallen, sondern seit Langem bekannt. So ist etwa das Vordringen der Finanzwirtschaft auf den Immobilienmarkt kein sich mit

Notwendigkeit vollziehender Prozess, dem die Politik nur klagend zuschauen kann. Ebenso wenig unterliegt die Bautätigkeit und damit verbunden die Frage, welcher Typ von Wohnung wann wo in welchem Umfang vorhanden ist, unbeeinflussbaren Marktgesetzen. Ein gutes Beispiel hierfür bietet der soziale Wohnungsbau. Die Anzahl an Sozialwohnungen hat sich allein von 2007 bis 2019 fast halbiert, von knapp über zwei Millionen auf nur noch 1,1 Millionen Einheiten.[13] Eine Bau- und Wohnungspolitik, die langfristige Entwicklungen wachsam im Auge behält, hätte hier rechtzeitig gegensteuern müssen. Konflikte hätten sich so zwar nicht ganz vermeiden lassen. Sie hätten aber durch entschlossenes Handeln eingedämmt und entschärft werden können. Die älteren Generationen müssen sich daher die Frage gefallen lassen, warum sie diesem sozialpolitisch zentralen Themenfeld kaum Aufmerksamkeit geschenkt haben.

Richtig ist aber auch: Von den Problemen auf dem Wohnungsmarkt sind alle Generationen betroffen. So werden in Prozessen der Gentrifizierung oftmals ältere und über ein geringes Einkommen verfügende Menschen aus Wohnungen verdrängt, in denen sie nicht selten jahrzehntelang gewohnt haben. Die Entwicklung der Mietpreise ist für Mitglieder aller Generationen herausfordernd. Es wäre deswegen falsch, alle Defizite des Wohnungsmarkts pauschal als Elemente der Krise zwischen den Generationen zu beschreiben.

Aus Perspektive der Gerechtigkeit zwischen Älteren und Jüngeren ist vielmehr ein Aspekt hervorzuheben: In immer stärkerem Maße sind Jüngere, wenn sie eigenen Wohnraum erwerben möchten, von der Finanzkraft ihrer Eltern und Großeltern abhängig. Das liegt zunächst an den rasant steigenden Immobilienpreisen. Um bei einer Bank als kreditwürdig zu gelten, muss die Käuferin einer Wohnung im Regelfall bereits über eine bestimmte Summe als Eigenanteil verfügen. Somit gilt die Regel: Wer hat, dem wird gegeben. Mit den Wohnungspreisen steigt auch die Höhe dieses Eigenanteils. Immer mehr Menschen können sich daher einen Kredit nicht mehr leisten, so zinsgünstig er auch sein mag.

Doch die Preisentwicklung stellt nur einen Teil des Problems dar: Denn die Gesellschaft kann frei entscheiden, wie sie sich gegenüber steigenden Immobilienpreisen verhalten möchte. Der Staat kann jüngeren Käufern einer ersten eigenen Wohnung nicht nur Förderungen, etwa in Gestalt von Sparzulagen, gewähren. Er könnte auch eine Bürgschaft übernehmen etwa im Fall eines (zu) geringen Eigenanteils. Die Gewährung eines Immobilienkredits würde vielen Jüngeren dadurch erheblich erleichtert werden.

Jedoch haben die älteren Generationen darauf verzichtet, solche Maßnahmen zu ergreifen. Die Folgen sind nicht zu übersehen. In Deutschland lag die Wohneigentumsquote 2019 bei gerade einmal 51 Prozent. Nur gut jede und jeder zweite Deutsche besaß eine eigene Wohnung oder ein eigenes Haus. Zum Vergleich: Rumänien kommt auf eine Quote von 95 Prozent, Polen auf 84 Prozent, Norwegen auf 80 Prozent, Spanien auf 76 Prozent, die Niederlande auf 69 Prozent und Frankreich auf 65 Prozent.[14] Die Immobilienmärkte der genannten Staaten entwickeln sich zumeist ähnlich rasant wie der deutsche Markt. Das zwingt zu dem Schluss, dass das Problem hausgemacht und seine Nicht-Lösung politisch gewollt ist.

An der nach Generationen differenzierten Wohneigentumsquote lassen sich die Konsequenzen ablesen. Zwischen 2006 und 2016 sank der Anteil der bis 44-Jährigen, die über eigenes Wohneigentum verfügten. Lediglich in der Gruppe der 65- bis 74-Jährigen konnte eine deutliche Steigerung der Wohneigentumsquote beobachtet werden.[15]

Über die Frage, ob Jüngere sich ein Eigenheim leisten können oder nicht, entscheiden die privat verfügbaren Finanzmittel und damit immer öfter die Finanzmittel der Eltern und Großeltern. Der Wohnungsmarkt wird dadurch zunehmend aristokratischer. Wohneigentum erhält derjenige, der über das

Privileg verfügt, in eine hinreichend vermögende und ihren Besitz klug zu nutzen verstehende Familie hineingeboren worden zu sein. Und genau das muss als Kennzeichen eines aristokratischen Systems verstanden werden: Die Geburt bestimmt die eigene gesellschaftliche Position.

Wo die älteren Generationen dieser Entwicklung tatenlos zugesehen haben, haben sie gegen zwei Grundprinzipien der Gerechtigkeit verstoßen. Erstens handelt es sich dabei um das Prinzip fairer Chancengleichheit. Dieses Prinzip verlangt im Kontext der Beziehungen zwischen den Generationen, dass jeder Mensch im Leben eine gerechte, hinreichend ähnliche Ausgangsposition erhalten muss. Das bedeutet ausdrücklich nicht, dass alle gleich sein oder gar gleich gemacht werden sollen. Es verlangt aber, die Folgen willkürlicher, »unverdienter« Ungleichheiten durch geeignete Gegenmaßnahmen so weit wie möglich abzumildern. Zu den unverdienten Ungleichheiten zwischen den Menschen gehören körperliche und geistige Fähigkeiten, aber auch der soziale und kulturelle Status der eigenen Familie und die Umgebung, in der ein Mensch aufwächst.[16]

Warum sollten diese »willkürlichen«, zufälligen Ungleichheiten ausgeglichen werden? Weil Menschen gleich an Rechten sind. Weil Menschen in ihrer Würde gleich sind. Vor allem aber: Weil prinzipielle Alternativen argumentativ nicht überzeugen. Wo jeder Versuch scheitert, ein Prinzip der *Un*gleichheit an Chancen plausibel zu begründen, muss das Prinzip der Chancengleichheit als gerechtfertigt gelten.[17]

An das Prinzip fairer Chancengleichheit schließt das zweite hier relevante Prinzip direkt an. Es handelt sich um das Prinzip der Leistungs- und Verdienstgerechtigkeit. Nur dann, wenn alle eine faire Chance erhalten haben, sind Unterschiede gerechtfertigt, die auf individuellen Verdienst und individuelle Leistung zurückgehen. Wer seine faire Chance besser zu nutzen wusste, darf auch davon profitieren – zumindest in Grenzen, auf die es hier aber nicht ankommt. Kaum etwas ist jedoch unverdienter als die Geburt in eine hinreichend gut situierte Familie hinein. Wer von solch einer Ausgangslage profitiert, hat selbst noch nichts geleistet.

Die Prinzipien der Chancengleichheit und der Leistungsgerechtigkeit gelten natürlich nicht nur für die Wohnungspolitik. Doch hier zeigen sie ihre besondere Relevanz. Die älteren Generationen hätten diese Prinzipien respektieren und verhindern müssen, dass ihre eigenen Vermögensverhältnisse auf die Lebenslagen der Mitglieder der jüngeren Generationen einen zu großen Einfluss nehmen. Die Wohnungsfrage gleicht für zu viele Jüngere einer Lotterie, in der schon mit der Geburt das richtige oder das falsche Los gezogen wurde. Wohl dem, der gut zu erben weiß!

Auch im Zusammenhang mit dem Wohnungsproblem zeigt sich, wie wichtig die Zusammenschau der verschiedenen Austragungsorte des Konflikts zwischen den Generationen im Querschnitt ist. Für die Jüngeren ist Wohneigentum als zentrales Element der privaten Altersvorsorge wichtiger denn je. Umso schwerer wiegen die ungerecht verteilten Zugangschancen zum Immobilienmarkt. Hinzu kommt, dass die Transformation in Richtung einer klimaneutralen Gesellschaft auf absehbare Zeit den größten Teil der baupolitischen Ressourcen binden wird. Die Politik wird große Investitionsprogramme auflegen müssen, um Immobilienbesitzer bei der energetischen Sanierung von Gebäuden oder beim Bau von Solaranlagen zu unterstützen. Es profitieren diejenigen, die bereits ein Eigenheim besitzen – also vor allem die Älteren. Läuft es richtig rund für sie, werden ihnen diese Klimaschutzprogramme auch noch als Heldentat zugunsten der Jüngeren und Ungeborenen angerechnet. So lässt sich auch leichter rechtfertigen, dass zum Zwecke des Klimaschutzes im Gebäudesektor viele neue Schulden aufgenommen werden müssen, welche die Zukunft zu bezahlen hat. Einmal mehr wird deutlich, wie sehr sich Rücksichtlosigkeit für einzelne Generationen lohnen kann.

3 Kulturelle Koordinaten: Bildung und Migration

Bisher standen Fragen der gerechten Verteilung von Gütern, Werten und Schulden zwischen den Generationen im Mittelpunkt der Überlegungen. Doch die Beziehungen zwischen den Generationen erschöpfen sich nicht in einem kritischen Abgleich von Soll und Haben. Kulturelle Bindungen prägen das Verhältnis der Generationen zueinander ebenso wie kulturelle Konflikte. Eine Generation vermittelt und hinterlässt der nächsten Generation eng geknüpfte und komplexe Netze aus weltanschaulichen, religiösen und politischen Überzeugungen, wissenschaftlichen Erkenntnissen und sozialen Praktiken, breit geteilten Hoffnungen und mehrheitlich akzeptierten Vorstellungen. Auf der Suche nach ihrem eigenen Platz in der Welt arbeiten sich die Jüngeren an den vorgefundenen Netzen ab, gestalten sie um und weben sie teilweise neu. Keine Analyse der Beziehungen zwischen den Generationen kann daher ohne einen Blick auf die kulturellen Koordinaten einer Gesellschaft auskommen.

In den Schulen bröckelt der Putz zusammen mit der Zukunft

Die Schule ist der zentrale Ort, an dem die Älteren den jüngeren Generationen ihren Blick auf und ihr Wissen von der Welt vermitteln. Sie ist zugleich der Ort, an dem die nachrückenden Generationen lernen, sich ein eigenes Bild vom Zustand der natürlichen, gesellschaftlichen und kulturellen Ordnung zu machen, wie sie von ihnen vorgefunden wurde. Die Schulen, so formuliert es der Philosoph Michael Walzer, »schaffen ein Milieu, das zwar nicht das einzige, aber doch das bei weitem wichtigste ist für die Entstehung von kritischem Bewußtsein und die Produktion und Reproduktion von sozialer Kritik«.[1]

Die Diskussion um Gerechtigkeit im Bildungssystem beginnt mit der Frage, warum eine Generation überhaupt dazu verpflichtet ist, die nächste Generation auszubilden. Hier sind viele verschiedene Antworten denkbar: Menschen haben sich dazu entschieden, Kinder zu bekommen. Damit haben sie sich selbst Pflichten auferlegt. Bildung ist ein Menschenrecht – und wer, wenn nicht die Älteren und der Staat, sollte sonst verpflichtet sein, dieses Menschenrecht zu erfüllen? Auch lässt sich an das wohlverstandene Eigeninteresse der Älteren appellieren. Sie möchten im Alter jemanden haben, der hinreichend gut für sie sorgt und dazu wirtschaftlich auch in der Lage ist. Deswegen sollten sie stark daran interessiert sein, den Jüngeren einen guten Einstieg in die Welt zu ermöglichen.

Schließlich kann auf das Konzept der »indirekten Reziprozität« zurückgegriffen werden.[2] Damit ist Folgendes gemeint:

Die Älteren haben von den Bildungsanstrengungen ihrer Eltern und Familien enorm profitiert. Sie können ihren Eltern diese Leistung nicht direkt vergüten. Sie können aber indirekt eine Gegenleistung erbringen, indem sie sich nun selbst um die Bildung ihrer eigenen Kinder bemühen. Kurz, die Auswahl an Argumenten ist groß, und an der Pflicht zur Bildung und Erziehung der nachkommenden Generationen kann kein Zweifel bestehen.

Im vorigen Kapitel wurden im Zusammenhang mit der Wohnpolitik bereits die Prinzipien der Chancengleichheit und der Leistungsgerechtigkeit angesprochen. Beide Prinzipien sind auch für das Bildungswesen zentral. Bekanntlich bleibt auch hier noch sehr viel zu tun. Beide Prinzipien werden in dem Maße nicht erfüllt, wie die von den Älteren betriebene Bildungspolitik es zulässt, dass der soziale Status der Eltern die Bildungschancen der Kinder bestimmt. Einige Zahlen aus dem *Datenreport* von 2021 können den Umfang der Gerechtigkeitslücke verdeutlichen.[3] Der Anteil der Eltern, deren höchster allgemeinbildender Abschluss ein Hauptschulabschluss ist, beträgt an den Grundschulen 14,2 Prozent. An den Hauptschulen schnellt dieser Anteil auf 40,7 Prozent hoch, während er an den Gymnasien auf lediglich 6,2 Prozent absinkt. Zwei von fünf Kindern, die eine Grundschule besuchen (39,4 Prozent), stammen aus einer Familie mit Migrationsgeschichte. An den Hauptschulen liegt der Anteil von Kindern und Jugendlichen mit Migrationsgeschichte bei 57,4 Prozent, während er auf den Gymnasien auf 29,9 Prozent absinkt.

Der Konflikt zwischen den Generationen in der Bildung umfasst jedoch weit mehr als das gerade äußerst knapp skizzierte und schon genügend große Problem fairer Teilhabe, das mit Recht zumeist im Mittelpunkt der Debatte steht. Wie groß die Herausforderungen sind, wird deutlich, sobald nach den *Zielen* und *Inhalten* von Bildung gefragt wird. Kaum überraschend herrscht keine Einigkeit darüber, welche Ziele mit Bildung verfolgt werden sollen. So werden in der Bildungsphilosophie etwa Selbstbestimmung und Autonomie, aber auch das umfassendere Ideal der Befähigung zu einem guten Leben als mögliche Ziele von Bildung diskutiert. Man kann hier begründet unterschiedlicher Meinung sein. Hat man sich aber einmal auf ein Ziel verständigt, ist danach zu fragen, welche konkreten Kenntnisse und Fähigkeiten zum Ziel führen und daher vermittelt werden müssen. Diese Frage lässt sich nur unter Beachtung der jeweiligen gesellschaftlichen Rahmenbedingungen beantworten. Eine Bildung, die zur Autonomie befähigen soll, ist im bürgerlichen 19. Jahrhundert auf gänzlich andere Inhalte angewiesen als eine Bildung, die dies Ziel in unserer globalen, digitalen und pluralen Gegenwart verfolgt. Erziehung als »soziales Überlebensprogramm«, so Michael Walzer, ist daher immer relativ, das heißt »abhängig von der und bezogen auf die Gesellschaft, der sie zubestimmt ist«, zu verstehen.[4]

Hier zeigt sich das – neben der mangelnden Verwirklichung von Chancengleichheit – zweite schwere bildungspolitische Versäumnis der älteren Generationen. Sie haben es verschlafen, die Inhalte von Bildung hinreichend stark an die sich wandelnden gesellschaftlichen Kontexte anzupassen. Das genaue Ausmaß dieses Versäumnisses kann im Rahmen einer philosophischen Zusammenschau nicht bestimmt werden. Ein besonders wichtiges Beispiel lässt die Größe des Problems jedoch erahnen. Die Digitalisierung verändert die Gesellschaft in jeder Hinsicht – und das nicht erst in der Zukunft, sondern bereits seit Jahrzehnten. Wer im digitalen Zeitalter an Autonomie und kritischem Denken als wichtigen *Zielen* von Bildung festhalten möchte, muss entsprechend Bildungs*inhalte* grundlegend umgestalten. So verlangt etwa Medienkompetenz im digitalen Raum nach anderen Fähigkeiten als in der analogen Welt. Die Flut verfügbarer Informationen will gesichtet, das Unterscheiden seriöser von nichtseriösen Quellen gelernt und die Bewältigung der Geschwindigkeit, in der heutzutage Diskussionen stattfinden, eingeübt werden. Die Schulen aber sind vor allem damit beschäftigt, eine stabile Internetverbindung aufzubauen und Gelder für Laptops einzuwerben. Der Digitalisierung ließen sich schnell weitere Beispiele zur Seite stellen, von der Thematisierung künstlicher Intelligenz bis hin zur Beschäftigung mit der Geschichte und Kultur Chinas als neuer Weltmacht. Eine heiß diskutierte Streitfrage ist damit noch gar nicht angesprochen worden: Ist es zeitgemäß, dass Schulabsolventen zwar in drei Sprachen Gedichte, aber nicht einmal auf Deutsch ein Merkblatt zu ihrer Steuererklärung interpretieren können?[5]

Dies ist kein weiterer Beitrag zum ebenso wuchernden wie ermüdenden kulturpessimistischen Diskurs, in dem das Ende klassischer Bildungsideale beklagt wird. Althergebrachte Ziele von Bildung wie die Erziehung zur Mündigkeit haben weder an Wert noch an Attraktivität verloren. Wo die Älteren in solchen Debatten Klagelieder anstimmen, wären Selbstanklagen angebrachter. Wer aus dem gesellschaftlichen Wandel keine bildungspolitischen Rückschlüsse zieht, ist seinen eigentlichen Aufgaben nicht gerecht geworden. Wer sich nicht fragt, welche neuen Bildungsinhalte es braucht, um alte und bewährte Ziele zu erreichen, hat offensichtlich Wichtiges versäumt. Es sollte niemanden überraschen, dass ein Weg, der nicht mehr zum Ziel führen kann, dann auch tatsächlich nicht mehr zum Ziel führt.[6]

Abschließend lohnt ein kurzer Blick auf die Herausforderungen politischer Bildung. Schon die maßgeblichen politischen Philosophen der Antike von Platon bis Cicero erkannten und achteten den Wert politischer Bildung. Für den Fortbestand eines Staates war es ihrer Ansicht nach zentral, zukünftige Bürger – Bürgerinnen kannten sie noch nicht – mit den Funktionsweisen des Staates vertraut zu machen. Eine Ordnung ist nur dann von Dauer, wenn die heranwachsenden Generationen lernen, sie gut begründet wertzuschätzen.[7] Das ist keine fixe Idee der Antike. Im 20. Jahrhundert hat etwa auch der Gerechtigkeitstheoretiker John Rawls betont, wie wichtig die politische Erziehung für den dauerhaften Fortbestand gerechter Gesellschaften ist.[8]

Politische Bildung, Staatsbürgerkunde, Demokratieunterricht: All das findet in den Schulen zumeist erst spät und dann oftmals nur oberflächlich statt. Fehlendes Interesse mag hierfür ebenso ein Grund sein wie falsch verstandene (partei)politische Neutralität. In unserer Gegenwart ist die mangelnde Sorge der Älteren um die politische Bildung der Heranwachsenden jedoch ein ernstes Problem. Demokratische Systeme stehen zunehmend unter Druck. Demokratische Tugenden wie die Bereitschaft, Kompromisse einzugehen, werden in Teilen der Gesellschaft immer geringer geschätzt. Die Demokratie aber lebt von Bürgerinnen und Bürgern, die sich ihrer Verantwortung bewusst sind. Dies gilt für die Diskussion und Wahlen ebenso wie für Protestaktionen und eben für die Erziehung der eigenen Kinder und Enkel. Wer politische Bildung vernachlässigt, begegnet unserer Demokratie mit einer Geringschätzung, die sie nicht verdient hat.

Pluralisierung ohne Pluralisten: Migration und Teilhabe

Migration hat sowohl eine sozioökonomische als auch eine kulturelle Seite. Es braucht nicht mehr als diese an sich eigentlich wenig aufregende Feststellung, um die migrationspolitische Komponente des Konflikts zwischen den Generationen in den Blick zu bekommen. Aus Eigeninteresse heraus haben frühere Generationen über Jahrzehnte hinweg eine konsequent auf Zuwanderung hin angelegte Wirtschafts- und Sozialpolitik betrieben. Für die sich aus dieser Politik ergebenden kulturellen und gesellschaftlichen Herausforderungen haben sie sich lange Zeit nicht wirklich interessiert. Einmal mehr sehen sich die Jüngeren mit einem ganzen Bündel von Problemen konfrontiert, das eigentlich rechtzeitig hätte bearbeitet und entschärft werden können.

Die Bedeutung von Zuwanderung ist bereits im Kontext des Rentenkonflikts angesprochen worden. Die Älteren haben oft auf Kinder verzichtet und zugleich den daraus folgenden demographischen Herausforderungen wenig Beachtung geschenkt. Das hat zur Folge, dass unsere Gesellschaft inzwischen auf dauerhaft hohe Zuwanderungsraten dringend angewiesen ist. Die nicht nur von Rechtspopulisten gern gescholtene Einwanderung in die Sozialversicherungssysteme ist notwendig geworden: Angesichts der insgesamt üppigen Versorgungsleistungen, die sich die Älteren selbst zugesprochen haben, würden die Löcher in den Rentenkassen ohne die Versicherungsbeiträge von Zugewanderten noch weitaus größer sein. Vergleichbare Überlegungen ließen sich mit Blick auf Medizin- und Pflegeberufe anstellen. Denn auch die Personalengpässe im Gesundheitssystem würden ohne Zuwanderung noch gravierender ausfallen.

Eine faire Beurteilung der Verhältnisse zwischen den Generationen verlangt einige historische Grundierung. In den 1960er Jahren schlossen verschiedene Bundesregierungen sogenannte Anwerbeabkommen zur Arbeitsmigration, unter anderem mit Spanien (1960), Griechenland (1960), der Türkei (1961) und Jugoslawien (1968). Auf Grundlage dieser Abkommen kamen Millionen von Menschen als »Gastarbeiter« nach Deutschland. 1973 wurde dann im Gefolge wirtschaftlicher Krisen ein weitgehender Anwerbestopp verordnet. Möglichkeiten zum Familiennachzug blieben bestehen. Allein in den 1970er Jahren wanderten so jährlich zwischen 100 000 und mehr als 200 000 Menschen aus der Türkei nach Deutschland ein.[9]

Migration prägt menschliche Gesellschaften seit jeher und ist auch in Deutschland nichts Neues, wie etwa die Einwanderung polnischer Migranten ins Ruhrgebiet in den letzten Jahrzehnten des 19. Jahrhunderts belegt. Jedoch wurde spätestens mit den Anwerbeabkommen der 1960er Jahre und der daraufhin einsetzenden Migration aus der deutschen Gesellschaft eine Einwanderungsgesellschaft. Durch das ökonomische Interesse an kurzfristig verfügbarer Arbeitskraft motiviert, förderte die Politik aktiv die Pluralisierung der Gesellschaft. Auf eine aktive Gestaltung der neuen kulturellen Vielfalt wurde jedoch lange Zeit gänzlich verzichtet. Dabei beschrieb der Schweizer Autor Max Frisch schon 1965 mit Blick auf seine Heimat die inneren Widersprüche einer Gesellschaft, die glaubt, die sozioökonomische Seite der Migration lasse sich von ihrer kulturellen Seite trennen:

> Ein kleines Herrenvolk sieht sich in Gefahr: man hat Arbeitskräfte [hier: aus Italien] gerufen, und es kommen Menschen. Sie fressen den Wohlstand nicht auf, im Gegenteil, sie sind für den Wohlstand unerläßlich. Aber sie sind da. [...] Wäre das kleine Herrenvolk nicht bei sich selbst berühmt für seine Humanität und Toleranz und so weiter, der Umgang mit den fremden Arbeitskräften wäre leichter; man könnte sie in ordentlichen Lagern unterbringen, wo sie auch singen dürften, und sie würden nicht das Straßenbild überfremden. Aber das geht nicht; sie sind keine Gefangenen, nicht einmal Flüchtlinge. So stehen sie denn in den Läden und kaufen, und wenn sie einen Arbeitsunfall haben oder krank werden, liegen sie auch noch in den Krankenhäusern. [...] Es sind einfach zu viele, nicht auf der Baustelle und nicht in der Fabrik und nicht im Stall und nicht in der Küche, aber am Feierabend, vor allem am Sonntag sind es plötzlich zu viele.[10]

Für die in den 1960er und 1970er Jahren getroffenen Entscheidungen tragen die gegenwärtig älteren Generationen natürlich keine oder kaum Verantwortung. Das meiste geschah vor ihrer Zeit aktiver politischer Teilhabe. Die Frage muss daher lauten: Wie sind sie mit der von ihren Eltern und Großeltern geschaffenen paradoxen Lage umgegangen? Was haben sie aus einer Einwanderungsgesellschaft gemacht, die sich nicht als Einwanderungsgesellschaft verstehen wollte?

Die Antwort fällt zwiespältig aus. Zwar schreitet die Pluralisierung der Gesellschaft voran. Auch öffnet die unübersehbar wachsende Anerkennung von Vielfalt stetig neue Möglichkeiten fairer Teilhabe. Doch ebenso unübersehbar sind die ungelösten Probleme. Im Kontext dieses Buches ist dabei nicht in erster Linie an die vielfältigen Diskriminierungen zu denken, mit denen sich Menschen mit Migrationsgeschichte nach wie vor in allen Bereichen gesellschaftlichen Lebens konfrontiert sehen. Grundprinzipien der Gerechtigkeit werden verletzt, wo Menschen aufgrund ihrer Familiengeschichte, Kultur oder Religion Zurücksetzungen erfahren. Jedoch handelt es sich dabei zumeist nicht um Prinzipien speziell der Generationengerechtigkeit.

Für das Verhältnis zwischen den Generationen ist ein anderer Punkt entscheidend: Die älteren Generationen haben die Jahrzehnte ihrer Deutungshoheit in den politischen Debatten zu wenig dafür genutzt, einen Grundkonsens über das Selbstverständnis der Einwanderungsgesellschaft zu erzielen oder ihn wenigstens vorzubereiten. Sie haben sich längst nicht entschieden und konsequent genug von der Lebenslüge ihrer Eltern und Großeltern distanziert. Diese Lebenslüge besteht darin, Migration für ein befristetes Phänomen zu halten (»*Gast*arbeiter«), das in Kultur und Gesellschaft keine Spuren hinterlässt.

Noch immer fehlt der Gesellschaft der Vielfalt ein Selbstbild, in dem sie sich erkennen, hinter dem sie sich versammeln kann. Das ist nicht zuletzt einem allgemeinen Mangel an Selbstbildern geschuldet. Alte Konzepte der Nation stehen nicht ohne Grund und nicht nur aufgrund der NS-Vergangenheit unter Verdacht. Da die alten Bilder der Nation in der deutschen Tradition vorwiegend Aspekte der Sprache und Kulturgeschichte in den Blick nehmen, eignen sie sich ohnehin kaum als einigendes Band für eine plurale Gesellschaft. Theoretisch entworfene, alternative Selbstbilder blieben ohne starke Breitenwirkung. Das gilt etwa für den in den 1980ern und 1990ern diskutierten Ansatz des Verfassungspatriotismus, der das gesellschaftliche Selbstverständnis eng an die Errungenschaften des demokratischen Rechtsstaates und des Grundgesetzes zu binden versucht.[11] Ökonomische Bilder der Nation wie das des Wirtschaftswunderlands oder des Exportweltmeisters lösen ihrerseits keine Stürme der Begeisterung aus. Der Realität halten sie ohnehin immer weniger stand. Doch wo leitende Erzählungen fehlen, können sie auch nicht pluralistisch fortgeschrieben werden. Erst recht kein Raum bleibt für Visionen wie die vom Philosophen Joseph Carens prominent verteidigte Idee der offenen Grenzen, durch die sich eine Gesellschaft zum »liberalen Charakter der Gemeinschaft« bekennt.[12] Nun könnte man durchaus einwenden, dass sich die breite Akzeptanz eines Selbstbildes nicht erzwingen lässt. Umso mehr kommt es dann aber auf die Verständigung darüber an, wie eine Gesellschaft der Vielfalt gelingen kann. Lassen sich Bedingungen des Zusammenlebens formulieren, die als Ergebnisse einer sachorientierten Debatte auch breite Zustimmung finden können? Vielleicht. Die darüber in der Realität geführten Diskussionen bleiben jedoch bis in die Gegenwart hinein verkrampft. Die eine Seite tut sich seit jeher schwer mit dem Gedanken, dass gesellschaftliches Zusammenleben auf eine von allen Seiten akzeptierte Geschäftsgrundlage angewiesen ist, deren Beachtung auch aktiv eingefordert werden darf. Die andere Seite flüchtet in die mit schöner Regelmäßigkeit wiederkehrenden Debatten zur Leitkultur, deren Inhalte ebenso regelmäßig unklar bleiben.

Die jüngeren Generationen kennzeichnet offensichtlich nicht nur eine immer größere biographische Vielfalt. Sie sind auch in viel stärkerem Maße auf eine gelingende gesellschaftliche Pluralisierung angewiesen. Ohne stabil hohe Zuwanderungsraten über Jahrzehnte hinweg ist die demographische Krise nicht zu meistern. Gerade deswegen belastet der chaotisch geführte Zuwanderungsdiskurs, in dem nicht einmal grundlegende Unterschiede wie der zwischen Flucht und Migration klar definiert worden sind, erneut und vor allem die Jüngeren: So ist es bezeichnend, dass erst in Reaktion auf die Fluchtbewegungen von 2015 in Deutschland (2016) und in Österreich (2017) sogenannte Integrationsgesetze verabschiedet worden sind. Und selbst in den hoch emotionalisiert geführten Debatten über diese Gesetze wurde kaum klar zwischen Zuwanderung und Flucht unterschieden. Man diskutiert lieber die Frage, ob der Islam zu Deutschland oder Österreich gehöre. Gehört das Luthertum zu Bayern? Wenn ja, für wen? Und was sollte jemals politisch aus einer Antwort auf diese Frage folgen?

Jede Generation muss sich in neuen Debatten mit den Bedingungen des Zusammenlebens auseinandersetzen und sich ihr gesellschaftliches Selbstverständnis erarbeiten. Insofern wäre es verfehlt, wenn die Jüngeren ihrerseits von den Älteren verlangten, diese Debatten erfolgreich zu Ende zu führen und ein auf Dauer feststehendes Ergebnis vorzulegen. Doch die Jüngeren hätten erwarten können, eine deutlich differenziertere Diskussion vorzufinden. Mehr als sechs Jahrzehnte nach dem Beginn aktiver Zuwanderungspolitik hätte Einigkeit sowohl über die grundlegenden Chancen als auch Bedingungen gelingender gesellschaftlicher Pluralisierung erzielt werden können. Die Jüngeren hätten verlangen dürfen, ja: hätten verlangen müssen, dass die Einwanderungsgesellschaft, in der sie groß geworden sind, von ihren Eltern auch konsequent als Einwanderungsgesellschaft bezeichnet und betrachtet wird. Dies gilt umso mehr, als sich die Älteren in sozialer und wirtschaftlicher Hinsicht geradezu blind auf Zuwanderung verlassen. Ihre Renten-, Pflege- und Gesundheitspolitik lebt davon, dass Prozesse der Migration und Pluralisierung dauerhaft reibungslos funktionieren.

Auch an dieser Stelle zeigt sich: Es ist eine Querschnittsaufgabe, Gerechtigkeit zwischen den Generationen zu gewährleisten. Materielle und sozialpolitische Probleme wie das der Stabilität der Rentenversicherung sind eng mit der gesellschaftlichen Herausforderung verknüpft, eine pluralistische Kultur zu gestalten. Gerade die Rentenpolitik verdeutlicht, dass kulturelle und materielle Aspekte des Konflikts zwischen den Generationen immer zusammengedacht werden müssen. Schließlich führt die Politik gebetsmühlenartig sowohl die Erhöhung der Zuwanderungs- als auch der Beschäftigtenquote als Allheilmittel für die Probleme der Rente ins Feld. Beide Lösungen setzen jedoch bestimmte kulturelle Rahmenbedingungen voraus. Die Älteren haben sich wenig darum bemüht, solche Bedingungen zu schaffen, wie die verquere Debatte um die Migrationspolitik verdeutlicht.

Ähnliches gilt aber auch im Hinblick auf die Beschäftigtenquote. Eine nachhaltige Erhöhung dieser Quote setzt nicht nur ein funktionierendes System der Kinderbetreuung voraus. Vielmehr muss die umfassende Inanspruchnahme von Kinderbetreuung kulturell auch anerkannt sein und darf nicht als Beispiel der Vernachlässigung von Pflichten der Eltern- und insbesondere der Mutterschaft missbilligt werden.

Zuletzt sprechen auch hier die Zahlen eine deutliche Sprache. Den Kitas mangelt es immer mehr an Personal. Gleichzeitig wächst trotz politischer Reformen die Lücke zwischen dem Betreuungsbedarf und den Betreuungsangeboten. So erhielten 214 000 Kinder unter drei Jahren, für die Betreuungsbedarf bestand, im Jahr 2015 kein Betreuungsangebot. Fünf Jahre später, im Jahr 2020, fehlten schon für über 342 000 Kinder unter drei Jahren Betreuungsangebote.[13] Einmal mehr erweist sich eine Idee der Älteren, die eigenen, überzogenen Rentenansprüche zu finanzieren, als ungedeckter Scheck.

4 Die Verfassung als gestaltbares Projekt

Sowohl am Beispiel des Bildungssystems als auch am Beispiel des gesellschaftlichen Umgangs mit Migration ist deutlich geworden, dass die Beziehungen zwischen den Generationen sowohl materielle als auch kulturelle Dimensionen besitzen. Doch selbst damit ist es noch nicht getan. Denn die verschiedenen Generationen begegnen einander immer auch politisch. Das bedeutet nicht nur, dass sie ihr Verhältnis zueinander politisch gestalten und ihre Konflikte politisch austragen müssen und lösen können. Vielmehr teilen alle Generationen die Welt der Politik, der Verfassung und der staatlichen Institutionen miteinander.

Was hat das mit Fragen der Gerechtigkeit zwischen den Generationen zu tun? Wo Staatlichkeit funktioniert, überdauern politische Ordnungen die Lebenszeit einzelner Generationen. Dadurch werden Staat und Politik selbst zu Gegenständen der Auseinandersetzung zwischen Älteren und Jüngeren. Welches politische System hinterlässt eine Generation der nächsten? Ein System, das demokratische Freiheiten sichert und politische Gestaltung erlaubt? Oder ein System, welches von den nachrückenden Generationen als träge, als reformunfähig und damit eher als Last denn als Chance wahrgenommen wird? Die Antworten auf diese Fragen zeigen an, wie gerecht es politisch zwischen den Generationen zugeht.

Die Philosophin Hannah Arendt hat den Begriff der *Natalität* in die politische Philosophie eingeführt. Mit diesem Begriff sucht sie die Stellung des einzelnen Menschen innerhalb einer über Generationen hinweg bestehenden Gesellschaft zu erfassen. Aus dem Umstand, dass der Mensch geboren wird, folgt für sie zweierlei:

1. Der Mensch wird nicht ins gesellschaftliche Nichts hineingeboren, sondern in eine existierende soziale und politische Welt. Deren Geschichte beeinflusst sein Leben, verbaut ihm manche Chancen und ermöglicht ihm anderes.

> Das weltlich Gemeinsame liegt außerhalb unserer selbst. [...] Es übersteigt unsere Lebensspanne in die Vergangenheit wie in die Zukunft; es war da, bevor wir waren, und es wird unseren kurzen Aufenthalt in ihm überdauern.[1]

2. Weil er stets später hinzugekommen ist, ist es dem Menschen möglich, im Rahmen des Bestehenden durch sein eigenes Handeln immer wieder neu zu beginnen. Der Mensch als politisches Wesen ist für Arendt ein Anfänger. Seine immer wieder neu ansetzenden Anfänge sorgen beständig für Unruhe. Die Jüngeren und Heranwachsenden sehen die Dinge anders, stellen Altbewährtes in Frage und probieren Neues aus:

Die Schranken und Grenzen, die von so großer Bedeutung in dem Bereich der menschlichen Angelegenheiten sind, stellen den niemals verläßlichen Rahmen her, in dem Menschen sich bewegen [...] und der doch oft noch nicht einmal stabil genug ist, um dem Ansturm zu widerstehen, mit dem jede neue Generation der Geborenen sich in ihn einschaltet. Die Zerbrechlichkeit der Einrichtungen und Gesetze, mit denen wir immer wieder versuchen, den Bereich der menschlichen Angelegenheiten halbwegs zu stabilisieren [...], ist einzig dem geschuldet, daß immer neue Menschen in diesen Bereich fluten und in ihm ihren Neuanfang durch Tat und Wort zur Geltung bringen müssen.[2]

Mit diesen sehr grundsätzlichen Überlegungen schafft Arendt einen Rahmen für die Beantwortung unserer Fragen in Bezug auf die politische Gerechtigkeit und Ungerechtigkeit zwischen den Generationen. Wo es gut und gerecht zugeht, ermöglichen die Älteren den Jüngeren, in das politische System hineinzuwachsen. Die Jüngeren lernen seine Regeln kennen und erfahren, wie eigenständige politische Projekte erfolgreich auf den Weg gebracht werden können. Hierfür ist, wie angedeutet, politische Bildung zentral. Das von den Älteren geprägte politische System muss aber mehr erlauben als nur ein Ankommen. Es muss aktive politische Gestaltung zulassen. Wo beides gegeben ist, Orientierung und Handlungsfreiheit, werden die Jüngeren den Wert der vorgefundenen Ordnung zu schätzen wissen.

Ungerechten politischen Beziehungen zwischen den Generationen begegnet man dort, wo eine jüngere Generation ein politisches System vorfindet, welches kaum Gestaltungsspielräume eröffnet. Ein solches System unterbindet den handelnden Neuanfang und führt zwangsläufig zu Erfahrungen politischer Ohnmacht. Damit ist der Kern des Problems angesprochen. Denn auch die politischen Beziehungen zwischen den Generationen sind durch den Umstand gekennzeichnet, dass

Macht sehr ungleich verteilt ist. Die Älteren haben die Möglichkeit, ein träges politisches System zu errichten, das nach seinen eigenen Regeln kaum veränderbar ist. Ab einem gewissen Punkt wird man hier sogar von Machtmissbrauch sprechen müssen, der die Jüngeren um ihre demokratischen Rechte bringt. Wann genau dieser Punkt erreicht ist, lässt sich nicht einfach abstrakt festlegen, sondern kann nur mit Blick auf konkrete Einzelfälle bestimmt werden.

Demokratie lebt von der Möglichkeit, unter Gesetzen und Regeln zu leben, die selbst verfasst worden sind oder zumindest selbst verfasst werden könnten. Ein notorisch reformunfähiges System, das die Jüngeren von den Älteren erben, verhindert aktive Selbstgesetzgebung. Es ist damit undemokratisch. In ihm regiert »die tote Hand der Vergangenheit«, wie es der Philosoph Michael Otsuka treffend formulierte.[3] Schon Thomas Paine, einer der wichtigen politischen Publizisten des 18. Jahrhunderts, warnte mit Blick auf stabile Verfassungen eindrücklich vor der Tyrannei der Älteren:

> Zu keiner Zeit konnte, kann oder wird eine Versammlung oder eine Gruppe von Menschen oder eine Generation von Menschen in irgendeinem Land existieren, die das Recht oder die Macht besitzt, die Nachwelt bis »zum Ende aller Tage« zu binden und zu kontrollieren oder für immer festzulegen, wie oder von wem die Welt regiert werden soll. Entsprechend sind alle Rechtssätze, Akte oder Deklarationen null und nichtig, mit denen man etwas zu tun versucht, zu dem man weder das Recht noch die Macht noch die Möglichkeit der Durchsetzung besitzt. Jede Zeit und jede Generation muss in ihrer Selbstbestimmung in allen Fällen ebenso frei sein, wie vorausgegangene Zeiten und Generationen es gewesen sind. Die Eitelkeit und Anmaßung, über das Grab hinaus herrschen zu wollen, ist die lächerlichste und unverschämteste aller Tyranneien.[4]

Entscheidend ist, dass die in dieser Polemik kritisierten Verhältnisse auch und gerade in demokratischen Systemen eintreten können.

Demokratische Verfassungen enthalten Vorschriften zu ihrer eigenen Veränderung. Solche Regeln können mehr oder weniger streng formuliert werden. Ein berühmt-berüchtigtes Beispiel liefert die US-Verfassung. In den mehr als 230 Jahren, in denen sie bereits besteht, hat sie lediglich 27 Änderungen durch Zusatzartikel (*amendments*) erfahren. Zum Vergleich: Bis 2020 und damit in gut 70 Jahren kommt das deutsche Grundgesetz bereits auf 64 Änderungen. Die US-Verfassung setzt jeder Änderung erstaunlich hohe Hürden. Ein Zusatzartikel bedarf zunächst einer Zweidrittelmehrheit in beiden Kammern des Kongresses, also sowohl im Senat als auch im Repräsentantenhaus. Anschließend müssen drei Viertel der Bundesstaaten (also 38 von 50 Staaten) durch ihre Parlamente oder durch speziell dafür gewählte Versammlungen den Änderungen zustimmen. Die allermeisten Versuche, die Verfassung zu ändern, sind daher im Laufe der US-Geschichte gescheitert. Das System produziert zudem manche Kuriosität, wie der jüngste, 27. Zusatzartikel zur US-Verfassung verdeutlicht. In ihm geht es um Regeln zur Erhöhung der Diäten, also der Gehälter von Kongressabgeordneten. Bereits 1789 verabschiedeten beide Kongresskammern den Artikel. Es vergingen stolze 200 Jahre, bis im Mai 1992 das notwendige Quorum von 38 zustimmenden Bundesstaaten erreicht wurde. Kurze Zeit später trat der Artikel in Kraft.

Auch demokratische Systeme kennen somit Strategien, um ihre Verfassungen gegen Veränderungen zu schützen. Die Gestaltungsfreiheit einfacher demokratischer Mehrheiten wird dadurch empfindlich eingeschränkt. Jede zusätzliche Hürde, die Änderungen der Verfassung nehmen müssen, leistet einen Beitrag dazu, das Bestehende zu bevorzugen, wenn nicht zu zementieren. Wo Bestandsschutz den Interessen der Älteren zugutekommt, kann das politische System selbst zum Gegenstand eines Konflikts zwischen den Generationen werden. Die Jüngeren erleben die Verfassung dann als eine Ordnung, die zu ihrem Nachteil reformunfähig ist. Entsprechende Entwicklungen ließen sich etwa in den südeuropäischen Staaten während der Finanz- und Eurokrise beobachten. Eine groß angelegte Studienauswertung der Universität Cambridge aus dem Herbst 2020 zeigt ebenfalls klare Trends auf. Demnach sind die älteren Generationen in West- und Südeuropa im Laufe ihres Lebens mit dem demokratischen System ihrer Staaten großenteils immer zufriedener geworden. Zumindest hat sich an ihrer positiven Grundhaltung der Demokratie gegenüber nichts geändert. Die Zufriedenheit der Millennials mit der Demokratie hingegen hat kontinuierlich abgenommen. Als Gründe führen die Studienautorinnen primär sozioökonomische Herausforderungen an.[5] Der enge Zusammenhang zwischen Systemvertrauen und Problemen wie dem der Jugendarbeitslosigkeit liegt auf der Hand: Das Vertrauen in das politische System schwindet, wenn sich eine Generation mit schweren, für sie oft gar nicht mehr zu bewältigenden wirtschaftlichen Herausforderungen konfrontiert sieht. Dies ist besonders dann der Fall, wenn jüngere Menschen nicht den Eindruck gewinnen, politisch etwas bewegen oder auf die Unterstützung einer vor allem auf die Älteren schauenden Politik zählen zu können.

Politische Gerechtigkeit zwischen den Generationen verlangt, dass die Älteren ihre Macht über die Jüngeren selbst beschränken. Sie können das tun, indem sie den politischen Raum inhaltlich und formal auf Dauer für neues Entscheiden und Handeln offenhalten. Über die Inhalte ist bereits ausführlich gesprochen worden, von der Klima- bis hin zur Schuldenpolitik. Wo sich die Älteren nicht rechtzeitig um problematische Konsequenzen ihrer Politik kümmern, schränken sie den politischen Entscheidungsspielraum der Jüngeren erheblich ein. Die einmal gemachten Schulden sind gemacht. Die einmal erworbenen und zu kostspieligen Rentenansprüche sind erworben. Die jahrzehntelange *laissez faire*-Haltung in der Klimapolitik können sich die Jüngeren nicht mehr erlauben, wenn der Klimawandel in beherrschbaren Grenzen gehalten werden soll. Das Nichtstun der Älteren diktiert den Jüngeren die Inhalte ihrer Politik.

Doch auch die formale Seite, das Ziel, Möglichkeiten politischer Gestaltung offenzuhalten, ist von großer Bedeutung. Die Älteren dürfen den nachrückenden Generationen keine Steine in den Weg legen, die eine aktive Verfassungspolitik verhindern. In der Praxis bedeutet dies vor allem, eine neue Perspektive auf politische Prozesse und Entscheidungen einzunehmen. Wir sind es gewohnt, demokratische Entscheidungen danach zu bewerten, wie sie zustande gekommen sind. Ein Gesetz gilt etwa dann als demokratisch legitimiert, wenn es von den zuständigen Organen wie zum Beispiel dem Bundestag mit der erforderlichen Mehrheit beschlossen wurde.

Doch diese Perspektive auf die Demokratie greift zu kurz. Darauf hat schon der österreichisch-britische Philosoph Karl Popper hingewiesen. Es gebe »eigentlich nur zwei Staatsformen: solche, in denen es möglich ist, die Regierung ohne Blutvergießen durch eine Abstimmung loszuwerden, und solche, in denen das nicht möglich ist.«[6]

Was für die Regierung gilt, gilt ebenso für alle Gesetze und Regeln. Ob Gesetze gerecht sind, lässt sich auch daran messen, wie schwer oder einfach spätere Generationen sie wieder aufheben, ändern oder ersetzen können. Wer das nicht akzeptiert, gestattet es früheren Generationen, nach Belieben den demokratischen Handlungsspielraum späterer Generationen einzuschränken. Die Älteren können dabei auf unterschiedliche Mittel zurückgreifen. Sie können Teile der Verfassung durch Ewigkeitsklauseln vor Veränderungen schützen. Sie können das Verfahren zur Änderung der Verfassung zu komplex und zu vielstufig ausgestalten. Sie können Verfassungsänderungen an qualifizierte Mehrheiten, etwa Zweidrittel- oder sogar Dreiviertelmehrheiten binden. Sie können festschreiben, dass diese qualifizierten Mehrheiten nicht nur in den Parlamenten, sondern zusätzlich auch noch bei Volksabstimmungen erzielt werden müssen. Sie können schließlich zu viele Details in der Verfassung selbst regeln und dadurch Veränderungen auf Grundlage einfacher Mehrheitsbeschlüsse verhindern.[7]

Es gehört zum Wesen einer generationengerechten Demokratie, politische Entscheidungen von ihrem Ende her zu denken, also von der Möglichkeit, sie zu verändern oder zu ersetzen. Jüngere, nachkommende Generationen müssen immer eine Chance erhalten, Politik aktiv zu gestalten. Sie müssen sich als Autorinnen und Autoren der Regeln ihres Zusammenlebens verstehen und erleben können. Nur so bleibt eine Demokratie über längere Zeiträume hinweg lebendig.

Das gilt schließlich auch für die Verfassung insgesamt. Das deutsche Grundgesetz kennt mit seinem Schlussartikel 146 eine bemerkenswerte Norm:

> Dieses Grundgesetz, das nach Vollendung der Einheit und Freiheit Deutschlands für das gesamte deutsche Volk gilt, verliert seine Gültigkeit an dem Tage, an dem eine Verfassung in Kraft tritt, die von dem deutschen Volke in freier Entscheidung beschlossen worden ist.[8]

In seiner ursprünglichen Fassung von 1949 sollte der Artikel den Charakter des Grundgesetzes als Provisorium, als westdeutsche Zwischenlösung betonen. Im Zuge der deutschen Wiedervereinigung wurde er jedoch nicht gestrichen, sondern sogar neu gefasst. Seither hat diese vielleicht »rätselhaftest[e] Bestimmung«[9] der bundesdeutschen Verfassung scharfe Kritik auf sich gezogen. Sie gipfelte in dem Vorwurf des Staatsrechtslehrers Josef Isensee, der Artikel sei der »Wurmfortsatz des Grundgesetzes: funktionslos, aber entzündlich«.[10]

Wer an einer demokratischen Ausgestaltung gerechter Beziehungen zwischen den Generationen interessiert ist, wird zu einer ganz anderen Einschätzung kommen. Der Grundgesetz-artikel 146 sollte nicht gestrichen, sondern konkretisiert werden. In ihm sollte ein politisches Verfahren benannt werden, mittels dessen eine neue Verfassung erarbeitet und beschlossen werden kann. Aktuell besteht wenig Grund zu der Vermutung, dass relevante Teile der Gesellschaft ein entsprechendes Verfahren in absehbarer Zeit anstoßen oder gar mit Erfolg zu Ende führen werden. Doch es fällt nicht schwer, sich mögliche Motive und Gründe vorzustellen, die Anlass zu einer völligen Neugestaltung der Verfassung geben könnten. Als Beispiele wären die europäische Einigung sowie die föderalen Strukturen zu nennen, die in den Bereichen von Bildung, Verfassungsschutz und Polizei zu wohlbekannten Problemen führen.

Doch bleibt der grundlegende Gedanke von solchen Beispielen und praktischen Überlegungen ohnehin unberührt. Gerechte Beziehungen zwischen den Generationen herrschen dort, wo die politische Freiheit der jeweils lebenden Generationen respektiert wird. Es gibt keinen Grund, die konstitutionelle Bevormundung der Lebenden durch die Toten weiter hinzunehmen.

5 Das pandemische Brennglas

Die Coronapandemie ist häufig als Brennglas bezeichnet worden, das Probleme besonders sichtbar mache, die seit langer Zeit existieren. Gilt dies auch für das konfliktbehaftete Verhältnis zwischen den Generationen – und, falls ja, in welcher Weise?

Um die Frage zu beantworten, lohnt zunächst ein Blick auf die Politik der Pandemiebekämpfung. Sie wurde moralisch vom Begriff der Solidarität getragen. Unter Solidarität verstehen wir im Allgemeinen die Bereitschaft zur wechselseitigen Hilfe und Unterstützung, die auf faktisch gegebener oder emotional verspürter Zusammengehörigkeit beruht. Erste wissenschaftliche Erkenntnisse zum neuen Virus führten rasch vor Augen, wer vor allem auf wessen Solidarität angewiesen war. Bald stand fest, dass ein höheres Lebensalter das Risiko eines schweren oder gar tödlichen Verlaufs einer COVID-19-Erkrankung erheblich erhöht. Solange weder ein Impfstoff noch adäquate Therapiemöglichkeiten zur Verfügung standen, musste dem Schutz vor Infektionen höchste Priorität zukommen.

Entsprechend nahm die Politik zunächst die Jüngeren in die Pflicht. Sie wurden aufgefordert, sich mit den Älteren solidarisch zu zeigen. Sie sollten auf Kontakte, den Präsenzunterricht oder den Universitätsbesuch verzichten und zu Hause bleiben, um einer Weiterverbreitung des Virus entgegenzuwirken. Der schlechte Reim einer Werbekampagne brachte die Forderung auf den Punkt: »Bring Corona nicht zur Oma!« An der grundsätzlichen Angemessenheit dieser Politik ist auch dann nicht zu zweifeln, wenn einzelne Aspekte diskussionswürdig bleiben. Jede Gesellschaft lebt von Solidarität und damit von der Bereitschaft der Stärkeren, den Schwächeren zu helfen. Aus Sicht des Infektionsschutzes hat SARS-COV-2 die Rollen von Schwäche und Stärke zwischen den Generationen relativ eindeutig verteilt.

Wie aber stand es in der Pandemie um die Solidarität der Älteren mit den Jüngeren? Zeigten sich in der Pandemie neue Aspekte des Konflikts zwischen den Generationen? Bemerkenswert ist vor allem, mit welcher Schärfe dieser Gedanke zurückgewiesen wurde. Dazu ein paar Beispiele: Während der Pandemie entstand eine Diskussion um die Frage, ob und inwiefern sich die Coronakrise auf die Entwicklung der Renten auswirken sollte. Der Deutsche Gewerkschaftsbund (DGB) warnte in dem Kontext im Mai 2021 vor dem vom »Arbeitgeberlager und Wirtschaftsprofessoren« verbreiteten »Märchen vom Generationenkonflikt bei der Rente«.[1] Die Gruppe junger Abgeordneter in der CDU/CSU-Bundestagsfraktion führte Anfang desselben Jahres in der *Welt* folgenden Gedanken unter dem Titel: »Generationenkonflikt Corona? Von wegen!« aus:

Viel ist in der Corona-Krise die Rede von einem neuen Generationenkonflikt in Deutschland. Doch tatsächlich hat die Pandemie den Zusammenhalt zwischen den Generationen deutlich gestärkt. Junge Menschen beschränken ihr soziales Leben auf das Nötigste, um ältere zu schützen. Gleichzeitig erleben wir eine beeindruckende Solidaritätswelle in unserem Land, mit Einkaufsaktionen oder dem Verteilen kostenloser Schutzmasken.[2]

In ihrem Loblied auf den Zusammenhalt der Generationen in Deutschland scheint den Nachwuchshoffnungen der Union offensichtlich kein Beispiel von direkter Solidarität der Älteren mit den Jüngeren eingefallen zu sein. Denn die kostenlosen Masken wurden sicherlich nicht primär vor geschlossenen Schulen und auf gesperrten Spielplätzen zur Aufmunterung entnervter Eltern verteilt.

Vielleicht waren die Jüngeren während der Pandemie auch in der glücklichen Lage, auf Solidarität nicht angewiesen zu sein, wie dies Johannes Pennekamp in der F.A.Z. nahelegte? Ebenfalls im Mai 2021 vertrat er in einem Text mit dem Titel »Die Jungen brauchen kein Mitleid« die Meinung, dass es mehr schade als helfe,

neue Konfliktlinien und Scheingegensätze heraufzubeschwören. Die Krise kann nach wie vor nur gemeinsam von Jung und Alt gemeistert werden – und nicht, indem verschiedene Opfergruppen gegeneinander ausgespielt werden. Es ist zudem eine eigenartige Vorstellung von Solidarität, wenn man annimmt, es handele sich dabei um eine Investition, die sich zwangsläufig rentieren müsse. Richtig ist vielmehr, dass Kinder und Jugendliche keineswegs umsonst verzichtet haben, sondern auch sie heute von sinkenden Infektionszahlen und der Gesundheit ihrer Großeltern profitieren.[3]

In einer Hinsicht hat Pennekamp Recht: Solidarität muss sich nicht rentieren. Solidarität kann auch eine Einbahnstraße sein. Dies gilt immer dann, wenn die Positionen der Stärke und Schwäche klar und stabil verteilt sind. Niemand würde auf den Gedanken kommen, die Forderung »Solidarität mit den Opfern der Flut!« als Forderung nach wechselseitigem Geben und Nehmen zu deuten. Sobald aber auf beiden Seiten Stärke und Schwäche begegnen, impliziert Solidarität Wechselseitigkeit. Wenn beide Seiten Unterstützung benötigen, aber einer nur nimmt und einer nur gibt, kann von Solidarität keine Rede mehr sein.

Die Frage muss daher lauten: Befanden sich auch die Jüngeren pandemiebedingt in einer Situation der Schwäche, die nach Solidarität verlangt? Seine These, entsprechend der in der Pandemie kein Konflikt zwischen den Generationen existiere, widerlegt Pennekamp im genannten Artikel selbst:

Kindern und Jugendlichen hat die Krise unendlich viel abverlangt. Sie sind besonders auf Sozialkontakte angewiesen, Schüler aus bildungsferneren Familien werden die Lernrückstände trotz Förderprogrammen kaum aufholen können. Und dass noch immer über Öffnungskonzepte für Schulen diskutiert werden muss, ist purer Hohn.[4]

Dem ist wenig hinzuzufügen. Warum aber sollten sich dann die Jüngeren nicht mit Recht über ausgebliebene Solidarität beschweren, ob als Schülerinnen und Schüler oder als Eltern von schulpflichtigen Kindern? Die Schließung von Schulen und Kitas aus Gründen des Schutzes vor Infektionen versetzte Kinder und Jugendliche gezielt in eine Position der Schwäche. Die Politik scheiterte in allen parteipolitischen Lagern an der Aufgabe, einen geordneten Betrieb von Bildung, Ausbildung und Betreuung zu organisieren. Dieses Scheitern ist der wohl sichtbarste Ausdruck von Solidaritätsverweigerung in Zeiten der

Pandemie. Das bereits mehrfach erwähnte Prinzip der Chancengleichheit als grundlegendes Prinzip der Gerechtigkeit zwischen den Generationen wurde ebenfalls verletzt: Denn in Zeiten von Schulschließungen und Distanzunterricht wirkte sich der soziale und kulturelle Status der Eltern noch stärker als sonst auf den individuellen Bildungserfolg der Kinder aus.

Doch bildet Schulpolitik nur ein Element der pandemiebedingten Verschärfung des Konflikts zwischen den Generationen. Die weniger offensichtlichen Folgen der Coronapolitik, die erst langfristig volle Wirksamkeit entfalten werden, werden noch viel zu selten thematisiert. Wer nur auf die ersten beiden Jahre der Pandemie schaut, macht es sich zu einfach. Ein kurzer Blick auf die Themen Klima, Staatsschulden sowie Renten und Arbeitsmarkt verdeutlicht dies.

Aus klimapolitischer Sicht sind die Jahre der Pandemie weitgehend verschenkte Jahre. Vor allem die demonstrierende Jugend hatte dem Klimaschutz 2018 und 2019 den obersten Platz auf der politischen Tagesordnung erstritten. Von dieser Vorrangstellung blieb mit Beginn der Pandemie nicht viel übrig. Die in Kapitel 1 beschriebene strukturelle Benachteiligung der Jüngeren im Konflikt um das Klima hat sich dadurch weiter verschärft. Wenn der Klimawandel in beherrschbaren Grenzen gehalten werden soll, gilt die einfache Regel: Nachlässigkeit und zu geringe Fortschritte beim Klimaschutz in einem Jahr müssen durch gesteigerte Anstrengungen beim Klimaschutz in späteren Jahren ausgeglichen werden. Da der Zeitdruck ohnehin groß ist, fällt jedes verlorene Jahr empfindlich ins Gewicht.

Die Politik hat in der Pandemie in großem Stil neue Schulden aufgenommen. Mit dem Geld wurden vor allem die Folgen der gesundheitspolitisch notwendig gewordenen Shutdowns abgefedert. Prinzipiell haben alle Generationen ein Interesse daran, einen starken Einbruch der Wirtschaftsleistung zu vermeiden. Von daher ist gegen eine Schuldenpolitik, die der Überbrückung einer kurzfristigen Krise dient, grundsätzlich und zunächst nichts einzuwenden. Inwiefern bei dieser Politik der Pandemiebekämpfung auch Prinzipien der Gerechtigkeit zwischen den Generationen beachtet worden sind, wird sich erst mittel- und langfristig zeigen. Wer wird die Schulden abbezahlen? Werden sie in absehbarer Zeit abgetragen? Oder werden sie zur dauerhaften Belastung für die Jüngeren? Verzichtet der Staat etwa auf Investitionen, um die Schulden bedienen zu können? Die Schuldenpolitik vergangener Jahrzehnte gibt nur wenig Anlass zu der Hoffnung, dass wenigstens diese offene Rechnung fair zwischen den Generationen geteilt werden wird.

Das energische Pandemiemanagement sollte den Jüngeren noch in einer weiteren Hinsicht zu denken geben. Wer größere Anstrengungen im Klimaschutz einfordert, sieht sich immer mit Warnungen vor zu hohen Kosten und finanzieller Überforderung konfrontiert. In der Pandemie jedoch zögerte die Politik nicht, innerhalb kürzester Zeit hunderte Milliarden Euro an neuen Schulden aufzunehmen. Dieser auffällige Unterschied ist jedenfalls mit der Größe der beiden Probleme nicht zu erklären. Das gilt auch dann, wenn man anerkennt, dass die Coronakrise und die Klimakrise sehr verschieden strukturiert sind. Die Frage liegt nahe: Sehen sich die Älteren durch die Pandemie eher direkt bedroht als durch den Klimawandel und sind deswegen schneller bereit, entschlossen zu handeln? Oder war die Politik so erfolgreich, weil sie Politik auf Pump war? War sie erfolgreich, weil zunächst offen blieb, wer genau wann welchen Teil der Rechnung wird bezahlen müssen? Es dürfte nach der Pandemieerfahrung schwerer werden, klimapolitische Maßnahmen mit Kostenargumenten aufzuhalten. Das ändert jedoch nichts an dem Umstand, dass die Jüngeren einen hauptsächlich über Schulden finanzierten Klimaschutz als ungerecht kritisieren können und sollten.

Es bleiben die Rente und der Arbeitsmarkt. Die pandemiebedingten ökonomischen Krisenerscheinungen treffen vor allem die Jüngeren. Die Renten werden in gewohnter Form weiter ausgezahlt. Ältere Arbeitnehmende haben den allergrößten Teil der Rentenpunkte bereits erworben, die über die Höhe ihrer Altersrente entscheiden. Für die Jüngeren hingegen wird sich eine der Krise folgende, langfristig schwächere Lohnentwicklung auch im Erwerb niedrigerer Rentenansprüche bemerkbar machen. Die Auswirkungen der Pandemie auf den Arbeitsmarkt hielten sich zunächst in Grenzen. Bekannt ist aber auch, dass das Arbeitsrecht ältere und seit längerer Zeit in einem Betrieb arbeitende Beschäftigte gegenüber Jüngeren strukturell bevorzugt. Dies gilt etwa mit Blick auf den Kündigungsschutz.[5] Wo die Pandemie am Arbeitsmarkt Folgen nach sich zieht, werden vor allem jüngere Arbeitnehmer, Berufseinsteiger und Auszubildende betroffen sein.

Mit dem Grundsatz, dass die Entwicklung der Renten der Entwicklung der Löhne folgen soll, wird im Rentensystem einer wichtigen Intuition in Bezug auf Gerechtigkeit Rechnung getragen. Von der Zunahme des gesellschaftlichen Wohlstands sollen alle Generationen profitieren. Daher müssen im Gefolge der Löhne auch die Renten steigen.

Es wäre also nur konsequent, wenn auch das Gegenteil gilt. Wenn die Löhne stagnieren, fehlt Erhöhungen der Renten die Legitimation. Wo die Löhne sinken, sinken die Renten ebenfalls – oder? Nein, die Politik hat vorgebeugt. Eine gesetzlich festgeschriebene Rentengarantie verhindert, dass die Renten gekürzt werden, wenn die Löhne sinken. Um sinkenden Löhnen Rechnung zu tragen, wurde in die Rentenformel jedoch der sogenannte Nachholfaktor eingebaut. Er besagt, dass eigentlich notwendig gewordene Kürzungen der Renten zwar nicht vollzogen werden – siehe Rentengarantie –, bei späteren Erhöhungen der Renten jedoch Berücksichtigung finden. Läuft es in einem Jahr schlecht und sinken die Löhne, bleiben die Renten stabil. Läuft es dann wieder besser und steigen die Löhne erneut, wird bei der Anpassung der Renten berücksichtigt, dass sie zuvor eigentlich hätten sinken müssen. Die Steigerung der Renten fällt entsprechend schwächer aus. So weit, so gut.

Der Nachholfaktor wurde jedoch 2018 ausgesetzt. Fürsorglich tat die Politik alles dafür, dass die Renten der Älteren zwar mit den Löhnen der Jüngeren wachsen, aber auf keinen Fall mit deren Löhnen sinken. Falls im Gefolge der Pandemie die Löhne stagnieren oder sinken und sich dadurch die Löcher in der Rentenkasse vergrößern, werden die Jüngeren dies Problem allein zu schultern haben. Der von der Ampelkoalition gehegte Plan, den Nachholfaktor ab 2022 wieder in Kraft zu setzen, ist somit mehr als überfällig.[6]

Um eines klarzustellen: Die vorstehenden Überlegungen führen nicht zu dem Schluss, dass die teils drastischen Maßnahmen zum Infektionsschutz ungerechtfertigt gewesen sind. Politik und Gesellschaft haben zunächst entschlossen die gesundheitlichen Risiken minimiert, die von einer COVID-19-Erkrankung für die Älteren ausgehen. Sie haben es aber versäumt, sich mit derselben Entschlossenheit den langfristigen negativen Folgen der Politik der Pandemiebekämpfung zu stellen. Diese Folgen treffen ganz überwiegend die Jüngeren. Der allgemein beobachtbare Mangel an Solidarität der Älteren findet so in der Ausgestaltung der Coronapolitik seine konsequente Fortsetzung.

6 Was liegen blieb: Eine Zwischenbilanz

In den vorangegangenen Kapiteln wurden die materiellen, kulturellen und politischen Dimensionen der gegenwärtigen Beziehungen zwischen den Generationen in Augenschein genommen. Nun ist es Zeit für eine erste Zusammenschau: Die Gesellschaft hat sich, um im anfangs entworfenen Bild zu bleiben, als schlecht gepflegter Bauernhof erwiesen. Die Jüngeren werden ihn von den Älteren in einem dringend renovierungsbedürftigen Zustand übernehmen. Die offen gebliebenen Rechnungen häufen sich. Die Jüngeren sollten berechtigte Zweifel haben, ob sie die Forderungen jemals werden begleichen können.

Gleichzeitig hat sich die These bestätigt, dass es sich bei der Herstellung von Gerechtigkeit zwischen den Generationen um eine Querschnittsaufgabe handelt. Die Verhältnisse zwischen den Generationen sind eine komplexe Angelegenheit. Alles hängt mit allem zusammen, und erst die Zusammenschau macht die tatsächliche Größe der Probleme sichtbar. Die jahrzehntelange klimapolitische Untätigkeit der Älteren stellt die Jüngeren vor eine sehr schlechte Wahl. Sie müssen entweder in kürzester Zeit große Summen in den Klimaschutz investieren. Oder sie werden auf einem Planeten leben müssen, dessen natürliche Lebensbedingungen sich deutlich zum Schlechteren hin verändern. Eine den Klimawandel in Grenzen haltende, ebenso energische wie effiziente Klimapolitik wird einen Großteil der verfügbaren Ressourcen für lange Zeit binden. Dies gilt sowohl für materielle und finanzielle Ressourcen als auch für die immer schon knappen Ressourcen politischer und öffentlicher Aufmerksamkeit.

Die Aufgaben, die uns allein der Klimaschutz stellt, sind groß genug – und die Jüngeren sind für diese Aufgaben denkbar schlecht vorbereitet. Sie finden keine geordneten Staatsfinanzen vor. Sie erben vielmehr einen zuletzt durch die Coronakrise noch einmal stark gewachsenen Schuldenberg, der ihre finanziellen Spielräume einengt. Das Geld fehlt nicht nur in der Klimapolitik. Es fehlt etwa auch dort, wo es um finanzielle Entlastungen der Einzelnen geht. Diese scheinen dringend geboten, wenn etwa gilt, dass die Jüngeren privat deutlich mehr für ihre Altersvorsorge tun müssen. Denn die Älteren haben es versäumt, ihre Rentenpolitik den eigenen demographischen Entscheidungen anzupassen. Eine Lösung der finanziellen Probleme der Rentenversicherung wiederum ist ohne konstant hohe Zuwanderungsquoten kaum vorstellbar. Doch das Zusammenleben in einer pluralistischen und weltoffenen Einwanderungsgesellschaft bedarf belastbarer kultureller Fundamente. Diese sind von den Älteren nicht hinreichend stabil gelegt worden. In alldem zeigen sich die engen Zusammenhänge zwischen sehr verschiedenen Politikfeldern.

Der Konflikt zwischen den Generationen setzt sich in vielen weiteren Bereichen politischen Handelns fort. Wenigstens vier Beispiele seien dafür noch genannt.

1. Keine Auseinandersetzung mit den gegenwärtigen Verhältnissen zwischen den Generationen kann die schweren digitalpolitischen Versäumnisse der Vergangenheit übersehen. Die Zukunft wird eine digitale Zukunft sein. Die Digitalisierung verändert schon jetzt gesellschaftliches Leben in allen Dimensionen grundlegend.

Welche Schlüsse haben die Älteren aus dieser nicht mehr sonderlich überraschenden Erkenntnis gezogen? Im Rückgriff auf Madison wurde im dritten Kapitel ein Grundprinzip der Investitionsgerechtigkeit erläutert. Demnach stehen alle Generationen in der Pflicht, dauerhaft in bestimmtem Maße zu investieren und vorhandene Infrastrukturen Schritt für Schritt zu modernisieren. Ausgehend von diesem Prinzip lässt sich schnell feststellen, dass die Älteren ihrer Pflicht nicht nachgekommen sind, denn die für den Umbau hin zur digitalen Gesellschaft notwendigen Investitionen wurden nicht getätigt oder viel zu zögerlich vorgenommen. Das zeigt sich im schleppenden Ausbau des Glasfaserkabelnetzes wie in der kaum vorankommenden Digitalisierung der Verwaltung. In einer Zeit, in der wirtschaftlicher Erfolg immer stärker von digitalen Infrastrukturen abhängt, kann die träge Digitalpolitik für die Jüngeren zu einem ernsten Problem werden. Gleiches gilt auch für die unbearbeiteten kulturellen und sozialen Folgen der Digitalisierung. Sie reichen von der Änderung politischer Kommunikationsformen bis hin zu dem Problem, dass die Grenze zwischen Öffentlichem und Privatem im digitalen Raum oftmals kaum noch vorhanden ist.

2. Man braucht keine Rechenkünstlerin zu sein, um zu erkennen, vor welchen Herausforderungen das Gesundheits- wie das Pflegesystem stehen. Die Finanzlücken der Pflegeversicherung etwa werden sich um ein Vielfaches vergrößern, wenn erst

einmal die geburtenstarken Jahrgänge der Babyboomer in ein Alter kommen, in denen viele von ihnen auf Pflege angewiesen sein werden. Vorgesorgt wird jedoch weder finanziell noch zuwanderungspolitisch. Lieber verlassen sich die Älteren darauf, dass die Jüngeren die Pflegekosten schon irgendwie bezahlen werden und dass es hinter der Grenze weiter Zuwanderungswillige gibt, die bereit sind, für zu niedrige Löhne aufwendige Pflegeleistungen zu erbringen.

3. Die Größe des Klimaproblems verleitet schnell dazu, andere zentrale Probleme der Umwelt- und Landwirtschaftspolitik aus den Augen zu verlieren. Ihre Bedeutung für Gerechtigkeit zwischen den Generationen ist nicht zu unterschätzen. Benötigt wird etwa eine nachhaltige Land- und Forstwirtschaftspolitik, die Probleme wie Grundwasserknappheit und zunehmende Nitratbelastung fest im Blick behält. Ebenso verdient der Erhalt von Biodiversität dringend größere politische Aufmerksamkeit. Viele Strategien der Bewirtschaftung landwirtschaftlicher Nutzflächen zielen auf die Maximierung aktueller Erträge. Sie laufen damit Gefahr, das im dritten Kapitel mit Jefferson formulierte Grundprinzip der Gerechtigkeit zwischen den Generationen zu verletzen: Die Güter der Erde müssen so genutzt werden, dass auch spätere Generationen sie mit hinreichend gutem Ertrag bewirtschaften können.

4. Sogar in einem zunächst fernliegenden Politikfeld wie der Verteidigungspolitik stellen sich Fragen der Gerechtigkeit zwischen den Generationen. Diese haben hier eine politisch-strategische und eine infrastrukturelle Seite. Politisch ist zu bedenken, dass außen- und sicherheitspolitische Strategien zumeist auf größere Zeiträume hin berechnet sind. Durch ihre auswärtige Politik kann eine Generation eine nächste Generation in eine günstigere oder aber schwierigere Lage bringen. Gerechtigkeit zwischen den Generationen verlangt hier zumindest, dass Entwicklungen, die mittel- bis langfristig zu Problemen führen können, frühzeitig mitbedacht und in der jeweili-

gen Politik berücksichtigt werden müssen. Dies ist nicht zuletzt bei Infrastrukturprojekten unerlässlich. Erneuerungen militärischer Systeme nehmen oftmals Jahrzehnte in Anspruch und verlangen daher eine solide Einschätzung zukünftiger Anforderungen.

Wie diese Skizzen zeigen, verlangt das Ziel, Gerechtigkeit zwischen den Generationen herzustellen, tatsächlich einen Querschnitt durch alle Politikfelder hindurch zu ziehen. Bei alldem war von einer zentralen Rahmenbedingung noch kaum die Rede: In vielen Diskussionen darüber, wie es um die Beziehungen zwischen den Generationen bestellt ist, steht die Veränderung von wirtschaftlichen Rahmenbedingungen im Fokus der Aufmerksamkeit.[1] Dabei wird im Regelfall darauf hingewiesen, dass vor allem die Babyboomer wie kaum eine andere Generation von der Stabilität positiver wirtschaftlicher Entwicklungen profitiert hätten. Über Jahrzehnte hinweg und nur von wenigen Ausnahmen wie den Ölpreiskrisen der 1970er Jahre abgesehen, habe die Gesellschaft eine kontinuierliche Zunahme von Wohlstand und wirtschaftlicher Leistungsfähigkeit erlebt. Mit dieser guten alten Zeit sei es nun aber vorbei. Das bedeutet auch: Die materiellen Probleme zwischen den Generationen werden sich nicht einfach durch Wachstum in Luft auflösen.

Welche Grundprinzipien sind der gerechten Ausgestaltung der Beziehungen zwischen den Generationen zugrunde zu legen? Die Beantwortung dieser Frage hat zunächst einmal wenig mit ökonomischen Rahmenbedingungen zu tun. Entsprechend stehen diese Bedingungen hier auch nicht im Zentrum des Interesses. Doch dürfen sie nicht ignoriert werden, ganz im Gegenteil: Die dynamische wirtschaftliche Entwicklung vergangener Jahrzehnte verleiht dem gegenwärtigen Konflikt zwischen den Generationen besondere Schärfe. Die derzeit älteren Generationen sind wie keine Generation zuvor wirtschaftlich, finanziell und politisch dazu in der Lage gewesen, sich angemessen und gerecht gegenüber den nachrückenden Generationen zu verhalten. Eine vorausschauende Rentenstrategie oder eine beizeiten entwickelte effiziente Klimaschutzpolitik hätten sie nicht in wirtschaftliche oder soziale Not bringen können. Genau aus diesem Grund scheint ihr Verhalten im Konflikt zwischen den Generationen moralisch besonders kritikwürdig zu sein. Wer für das Erreichen eines Ziels hohe Opfer bringen muss, ist eher entschuldigt, wenn er das Ziel verfehlt. Von derartig großen Opfern kann in diesem Zusammenhang aber kaum die Rede sein. Vielmehr begegnen wir einer Mischung aus generationsbezogenem Egoismus, politischer Kurzsichtigkeit und gesellschaftlicher Schönfärberei.

Bevor im Folgenden nach Strategien gesucht wird, den Konflikt zwischen den Generationen angemessen auszutragen und nach Möglichkeit zu lösen, möchte ich mich einer grundsätzlichen Kritik stellen. Sie ließe sich vielleicht so formulieren: Das vorliegende Buch spiegelt geradezu mustergültig die Selbstbezogenheit der jüngeren Generationen. Diese Jüngeren verstehen es vor allem sehr gut, sich immer und überall benachteiligt zu fühlen. Junge Menschen, ob Generation Selbstmitleid oder Generation Avocado, in beste soziale Verhältnisse hineingeboren und von Geburt an sorgenfrei behütet, ziehen es vor, zu jammern. Sie könnten doch selbst die Komfortzone des elterlichen Wohnzimmersofas verlassen und ihre Zukunft aktiv in die Hand nehmen! War die medizinische Versorgung jemals besser als heute? Ist nicht die Lebenserwartung höher als je zuvor? Steht den Jüngeren nicht im wahrsten Sinn des Wortes die ganze Welt offen, wenn ihnen nicht gerade eine Pandemie Freiräume nimmt? Bietet ihnen das grenzenlose Europa nicht Chancen, von denen die Älteren nicht einmal zu träumen gewagt hätten?

Die Kritik könnte noch zugespitzt werden: Die Jüngeren sind sich nicht nur der selbstgenossenen Privilegien nicht bewusst und damit undankbar. Vielmehr moralisieren sie ständig und ohne Unterlass, reden von Gerechtigkeit, um ihre gierigen Ansprüche auf ein noch größeres Stück vom Wohlstandskuchen zu bemänteln, mithin auf ein Stück von jenem Kuchen, den doch die Älteren erwirtschaftet haben. Wenn sich die Älteren irgendetwas vorzuwerfen haben, dann wohl höchstens ihren im Umgang mit solchen Jüngeren gepflegten Erziehungsstil. Hätte man nicht früher andere Saiten aufziehen und den Jüngeren klar machen sollen, was harte Arbeit bedeutet und dass Wirtschaftswachstum nicht auf Biobäumen wächst?

Besonderen Charme entwickelt eine solche Kritik, wenn sie in Form der Selbstkritik vorgetragen wird. Dies tut etwa Frédéric Schwilden, der den gerade skizzierten Vorrat an Vorwürfen noch ergänzt. Schwilden zufolge können wir in Donald Trump den frühzeitig in die Jahre gekommenen Idealtypus des Millennials erblicken.

> Die Freude, die Häme und das diffuse Siegesgefühl der guten Millennials über den Abgang Donald Trumps ist groß. Warum eigentlich? Niemand war den Denkstrukturen der woken Millennials näher und gleichzeitig der politischen Realität ferner als Donald Trump. Trump und die Millennials trennen Jahrzehnte, aber sie sind eineiige Zwillinge: oft beleidigt, beleidigend und vor allem wütend. Sie haben ein hohes Sendungsbewusstsein in den sozialen Netzwerken und mobilisieren darüber Mobs. Im Falle Trump einen echten mit Waffen, der das Kapitol stürmte, im Falle der Millennials eine anonyme Twitterarmee, die irgendein Unternehmen so lange nervt, bis es sich für irgendeinen vermeintlichen Fehltritt entschuldigt und irgendjemanden entlässt.[2]

Sehen also so die Jüngeren aus? Wehleidig, rechthaberisch, schnell empört und nie zufrieden? Diese Kritik verdient Beachtung – und fünf Antworten.

1. Wer sich seiner Sache sicher ist und die besseren Gründe auf seiner Seite weiß, tut gut daran, diese direkt zu nennen. Soll sich doch das Gegenüber damit abplagen, Gegengründe ins Feld zu führen! Wer sich jedoch seiner Sache weniger gewiss sein kann, entscheidet sich besser für den Angriff und sucht nach den Schwächen des anderen. Eben dies tun auch die Älteren in der geschilderten Kritik. Anstatt selbstbewusst zu behaupten, dass sie sich nur nehmen, was ihnen gerechterweise zusteht, arbeiten sie – vermeintliche oder wirkliche – Fehler der Jüngeren heraus. Schon diese Strategie verrät, wie schlecht es argumentativ um ihre Position bestellt ist, die vor allem und zuerst auf Masse und Macht beruht.

Die inhaltliche Schwäche der Position der Älteren zeigt sich bereits dann schon überdeutlich, wenn ein auch nur kurzer Blick auf die beiden berühmtesten Theoriestücke der philosophischen Ethik, Kants kategorischen Imperativ und den Glückskalkül des Utilitarismus, geworfen wird. Kant verlangt von den Leitlinien unseres Handelns, dass sie als allgemeingültige Gesetze vorstellbar sind.[3] Sie sollen so beschaffen sein, dass ihnen prinzipiell jeder jederzeit folgen kann und folgen soll. Eine übermäßige Inanspruchnahme des Klimasystems verträgt sich mit dieser kantischen Forderung ebenso wenig wie ein einseitig einzelne Generationen bevorzugendes Rentensystem.

Ähnliches gilt für den Utilitarismus. Dieser strebt an, die größtmögliche Summe an Glück in der Welt zu verwirklichen. Dabei gilt der von John Stuart Mill genannte, seinem philosophischen Lehrer Jeremy Bentham zugeschriebene Grundsatz: »Jeder zählt für einen, keiner für mehr als einen.«[4] Das Glück eines jeden verdient gleiche Berücksichtigung. Der Grundsatz lässt Verschuldung auf Kosten der Kinder und zugunsten des eigenen Konsums ebenso wenig zu, wie er eine ungleiche Verteilung der Klimaschutzkosten gestattet.

Wenn in der öffentlichen Debatte keine lautstarke Stimme zu vernehmen ist, die die bevorzugte Stellung der Älteren als gerecht und theoretisch legitimierbar verteidigt, dann hat das also seinen guten Grund. Einer solchen Position stehen schlicht keine überzeugenden Argumente zur Verfügung. Entsprechend groß ist die Versuchung, Nebelkerzen in Gestalt kulturell-politischer Grundlagenkritik an den Jüngeren zu werfen.

2. Aus dem Umstand, dass die gegenwärtigen Verhältnisse reichlich Anlass zur Kritik an den älteren Generationen bieten, folgt natürlich nicht, dass die Jüngeren über jeden Zweifel erhaben sind. Warum sollte dies auch folgen? Das eine hat mit dem anderen wenig zu tun. Bernd Ulrich liegt vermutlich richtig, wenn er im Gespräch mit Luisa Neubauer die jüngeren Generationen daran erinnert: »Alle Geschichte ist eben auch Schuldgeschichte, eure wird es auch sein.«[5] Selbstverständlich stehen die Jüngeren in der Pflicht, sich selbst mit einigen moralisch unbequemen Fragen auseinanderzusetzen: Wie steht es denn um ihre eigene CO_2-Bilanz? Wie passen ihre demographischen Entscheidungen zu ihren Hoffnungen auf und Ansprüchen an die eigene Rente? Schaffen es wenigstens die Millennials, ihren Beitrag zu einer Schulpolitik zu leisten, in der Bildungschancen nicht mehr im Übermaß von sozioökonomischer Herkunft abhängig sind?

Antworten auf solche Fragen schulden die heute Jüngeren vor allem den Jüngsten und den noch ungeborenen Generationen. Denn auch die Jüngeren werden einmal zu den Älteren gehören und sich an denselben Maßstäben der Gerechtigkeit zwischen den Generationen messen lassen müssen. Wenn die Generationen Y und Z ihren Pflichten nicht nachkommen, werden die Generation Alpha und die weiteren Folgegenerationen ebenfalls berechtigten Grund zur Klage haben.

3. Die Jüngeren müssen sich sorgfältig mit der Frage auseinandersetzen, ob und inwieweit die Kritik an der Generation Selbstmitleid ins Schwarze trifft. Dabei ist vor allem zu bedenken: Der Konflikt zwischen den Generationen kann nur dann gelöst werden, wenn alle Seiten bereit sind, ihn offen auszutra-

gen. Eine politische Neuordnung der Beziehungen zwischen den Generationen wird nur dann möglich, wenn diese Neuordnung politisch von allen Beteiligten mit Nachdruck eingefordert wird. Davon kann gegenwärtig keine Rede sein. Gemessen an dem, was für sie auf dem Spiel steht, verhalten sich die Jüngeren zu ihrem eigenen Nachteil viel zu unpolitisch. In der Tat dürfen sie von den Älteren einfordern, eine gerechte Lösung des Konflikts zwischen den Generationen mitzutragen. Doch können sie von den Älteren sicherlich nicht erwarten, dass diese selbstlos eine für sie nachteilige Politik betreiben, zu der sie niemand anhält. Eine solche Erwartung ist politisch gesehen völlig unrealistisch. Nur aktiv vertretene Interessen haben eine Chance, sich auch durchzusetzen.

Die Klimaschutzbewegung hat in den vergangenen Jahren stark zur Politisierung vor allem der jüngeren Millennials und der älteren Mitglieder der Generation Z beigetragen. Doch eine über den Klimaschutz hinausgehende Sensibilisierung der Jüngeren für das ganze Ausmaß des Konflikts zwischen den Generationen wie auch für den Querschnittscharakter der Probleme ist kaum zu beobachten. Solange die Jüngeren die Austragung des Konflikts und den offenen Streit mit den Älteren so gut wie gar nicht suchen, so lange trifft die Rede von der Generation Selbstmitleid ein Stück weit zu. Zu oft erscheinen die Jüngeren als Generationen, die um die Probleme wissen, sich aber nicht dazu durchringen können, aktiv zu werden.

4. Die Grundsatzkritik der Älteren an den Jüngeren läuft oft auf den Gedanken zu, dass Letztere sich ihrer eigenen luxuriösen Position nicht einmal bewusst seien. Die Jüngeren genießen materiellen Wohlstand und kulturelle Freiheit. Sie halten dabei das für selbstverständlich, was die Eltern und Großeltern hart erarbeitet oder in langen politischen Kämpfen erstritten haben:

Reduzierte Säuglingssterblichkeit, höhere Lebenserwartung, bessere Gesundheitsversorgung, Mobilität, Online-

Shopping. Man darf heute kiffen, ohne in den Knast zu wandern, die Regierung beschimpfen, ohne nachts aus dem Bett geholt zu werden, lieben, wen man will, freitags die Schule schwänzen, ohne von den Lehrern verprügelt zu werden. Wem hat die Jugend das eigentlich zu verdanken? Sich selbst?[6]

In solchen Erzählungen beanspruchen die Älteren eine Tugend der fremdnützigen Großzügigkeit für sich. Ob eine solche Tugend überhaupt existiert, ist dabei alles andere als ausgemacht. Es soll keineswegs in Abrede gestellt werden, dass Eltern und Großeltern in vielen Fällen große Anstrengungen und auch Einschränkungen im Interesse ihrer Kinder auf sich genommen haben. Auf der allgemeinen Ebene der Beziehungen zwischen den Generationen ergibt sich jedoch ein anderes Bild: Eine Generation schafft keinen Wohlstand allein dafür, dass die nächste Generation ihn genießen kann. Sie schafft Wohlstand aus Eigeninteresse heraus. Von dem, was sie erwirtschaftet haben, kaufen sich die Älteren im Regelfall zuerst ihr eigenes Auto und gönnen sich ihre persönliche Weltreise, bevor sie ihren Kindern entsprechende Güter und Erlebnisse ermöglichen.

Ähnliches gilt auch in der Politik. Haben die Älteren Freiheiten erstritten, haben sie diese zuallererst für sich selbst erstritten. Natürlich profitieren die Jüngeren von diesen Errungenschaften. Zum vorrangigen oder gar einzigen Ziel der Anstrengungen der Älteren werden sie deswegen aber noch lange nicht. Schließlich waren auch die älteren Generationen einmal jung und haben von ihren Eltern profitiert. Die Nachwelt ist immer Nutznießer oder Problemerbe. Hinzu kommt: Selbst wenn viele Eltern und Großeltern den Jüngeren dabei helfen, finanzielle Herausforderungen zu bewältigen, bleibt doch das zentrale Problem der Chancengerechtigkeit zwischen den Generationen ungelöst. Zu oft entscheidet das Los der Geburt und damit der blinde Zufall, wer Hilfe von seinen Eltern bekommen kann und wer nicht. In einer Gesellschaft, in der die Möglichkeiten der Kinder maßgeblich vom sozioökonomischen Status der Eltern abhängen, herrscht keine Gerechtigkeit zwischen den Generationen.

5. Nehmen wir an, die Kritik der Älteren sei in vielen Hinsichten überzeugend, die Jüngeren seien wehleidig, arbeiteten zu wenig und orientierten ihr eigenes Leben zu selten an den Anforderungen des Klimaschutzes. Angenommen, die Jüngeren interessierten sich nicht einmal oberflächlich für die Frage, wie es um die Rente der noch ungeborenen Generationen bestellt ist. Selbst wenn dies alles zutreffen sollte: Was hätte das mit den hier diskutierten Herausforderungen zu tun? Welcher Aspekt der aufgezeigten Probleme der Gerechtigkeit würde durch das Vortragen dieser Anschuldigungen gelöst? Welche Beschreibung des Konflikts zwischen den Generationen hätte sich als falsch erwiesen?

Die Jüngeren mögen unsympathische Personen sein, deren Werthaltungen und Vorlieben die Älteren nicht teilen. Doch damit ist der Vorwurf, dass die Älteren ihr CO_2-Budget stark überzogen haben, doch nicht vom Tisch. Wenn die Millennials wenig Interesse an der Höhe der Rente der Generation Alpha zeigen, dann könnten sie hierfür mit Recht kritisiert werden. Doch welchen Einfluss sollte das auf die Feststellung haben, dass sich die Babyboomer selbst zu hohe Renten genehmigt und den Millennials ein überfordertes Rentensystem hinterlassen haben?

Um den hier erhobenen Vorwurf ungerechter Verhältnisse zwischen den Generationen zu entkräften, genügt es sicher nicht, auf problematisches oder ungerechtes Verhalten der Jüngeren zu verweisen. Eine schlüssige Gegenrede muss vielmehr die konkret formulierten Diagnosen real existierender Ungerechtigkeit zwischen den Generationen widerlegen. Nur so gelingt ein produktiver Streit, und nur so kann langfristig der Konflikt zwischen den Generationen überwunden werden.

Pauschale Kritik am Lebensstil der Jüngeren erinnert hingegen auf unangenehme Weise an klassische Muster der Sozialkritik aus feudalen Zeiten. Der Adel früherer Jahrhunderte ging meist davon aus, dass die Bauern unfähig zu vernünftigem Denken, aufsässig, ungehobelt, zügellos, verschwenderisch und zusätzlich dem Alkohol verfallen seien. Sie seien daher gar nicht dazu in der Lage gewesen, an der Gesellschaft als vollwertige Mitglieder gerecht teilzuhaben. Wir sollten inzwischen gelernt haben, solchen Überlegungen zu misstrauen. Sie sind nichts weiter als ein sowohl theoretisch als auch praktisch unhaltbarer Versuch, die eigenen Vorrechte und nicht zuletzt die eigenen Exzesse und Verschwendungen zu rechtfertigen. Ähnlich gilt: Haben die Älteren, wenn sie ihre Privilegien im Konflikt zwischen den Generationen verteidigen möchten, wirklich nichts Besseres zu bieten? Können sie zu ihren Gunsten nicht mehr anführen als vermeintlich oder tatsächlich vorhandene Charakterschwächen der Millennials und der Generation Z? Das sollte doch möglich sein. Oder etwa nicht?

7 Auf das Private kommt es an: Konfliktzone Küchentisch

Die Zusammenschau sehr verschiedener Politikfelder hat die Vielfalt der Konflikte zwischen den Generationen sichtbar werden lassen. Im Folgenden soll es um die Frage gehen, wie die beschriebenen Konflikte gelöst werden können. Was ist zu tun, um die Spannungen in den Beziehungen zwischen den Generationen zu lockern oder im besten Fall sie ganz zu überwinden?

Die Lösung des Konflikts beginnt mit produktivem Streit. Und dieser Streit beginnt am Küchentisch. Eine nachhaltige Erneuerung der Beziehungen zwischen den Generationen ist ohne die Institution Küchentisch nicht denkbar. An diesem Ort sitzen die Mitglieder einer Familie oder einer Wohngemeinschaft zusammen. Hier treffen sich Freunde, ob bei Kaffee und

Kuchen, ob bei Quinoa-Couscous-Salat mit Biohähnchen, ob beim Mettbrötchen oder bei Wein und Erdnüssen. An kaum einen anderen Ort verbringen Angehörige verschiedener Generationen so viel Zeit miteinander wie hier – regelmäßig oder nur ein paar Mal im Jahr, an Geburtstagen und zu Weihnachten. Am Küchentisch werden große Pläne geschmiedet, Ideen ausgetauscht und wechselseitig begutachtet. Hier werden Meinungen erprobt, Haltungen und Lebensstile kritisiert. Hier wird es immer wieder auch politisch. Im Idealfall ist der Küchentisch ein Ort der engagierten, von Vertrauen und Zuneigung getragenen Kontroverse.

Auf das politische Potential des Küchentisches ist jeder ernsthafte Versuch einer Lösung des Konflikts zwischen den Generationen angewiesen. Das hat seinen einfachen Grund: Aus der bloßen Tatsache, dass ein Konflikt existiert, folgt noch lange nicht, dass er auch als politisches Problem wahrgenommen wird. Eine Ungerechtigkeit setzt sich nicht von selbst auf die politische Tagesordnung. Zu einem politischen Problem wird nur das, was von hinreichend vielen und hinreichend wichtigen Akteuren als wichtig und zugleich als Aufgabe der Politik verstanden wird. Die Politikwissenschaft spricht in einem solchen Fall von »Agenda-Setting«:[1] Politische Akteure entscheiden durch ihre Stellungnahmen, ihren Druck und ihren Einfluss, mit welchen Themen sich die Politik beschäftigt. Zu den Akteuren zählen Parteien und Verbände, Medien und Interessenvertretungen ebenso wie die Bürgerinnen und Bürger selbst.

Vom Einsatz politischer Akteure hängt ab, welche Probleme der Politik zur Bearbeitung übergeben werden. Dies ist gerade mit Blick auf den Konflikt zwischen den Generationen alles andere als trivial. Die Generationen einer Familie könnten den Konflikt auch als rein private Angelegenheit behandeln. Das könnte etwa zur Folge haben, dass die Älteren die Jüngeren beim Hauskauf finanziell unterstützen und ihnen dabei helfen,

Strategien privater Altersvorsorge zu entwickeln und konsequent zu verfolgen. So entsteht private Hilfe, aber keine Politik.

Dem Konflikt zwischen den Generationen mit seinen vielen Dimensionen fehlt gegenwärtig hinreichend große politische Aufmerksamkeit. Vor allem die Zusammenhänge zwischen verschiedenen Politikfeldern und damit der Querschnittscharakter der Probleme geraten kaum in den Blick. Erstes Ziel muss es daher sein, Menschen für die Ungerechtigkeiten zu sensibilisieren, die in den Beziehungen zwischen den Generationen vorherrschen. Eben das ist eine Aufgabe für den Küchentisch. Er ist der Ort, an dem Problembewusstsein entwickelt werden kann.

Damit sind wir an einem entscheidenden, schon mehrfach berührten Punkt angelangt. Was folgt aus der Diagnose von Missständen im Verhältnis zwischen den Generationen für das konkrete Miteinander von Älteren und Jüngeren? Welches Verhalten ist angemessen, welche Kritik angebracht?

Man kann diesen Fragen mit Skepsis und Unbehagen begegnen und verlangen, das Private nicht zu stark zu politisieren. Ist der private Raum von Familie und Freundschaft, dieser Raum mit seinen emotionalen Bindungen, tatsächlich ein geeigneter Ort für politischen Streit?

Wer so fragt, übersieht schnell, dass der Konflikt zwischen den Generationen aus der Sicht vieler Jüngerer längst eine persönliche Angelegenheit geworden und tief ins Private vorgedrungen ist. Die Ergebnisse der zu Beginn dieses Essays erwähnten Befragungen zur Klimakrise wie zu den Erwartungen an die Rente führen das deutlich vor Augen. Viele Jüngere wissen sehr genau, dass der Konflikt mit den Älteren ihre Biographie unausweichlich und grundlegend prägt. Wer von ihnen verlangt, den Streit vom Küchentisch fernzuhalten, verbannt ihre persönlichen Sorgen ins Nirgendwo. Sollen die Jüngeren doch die Probleme – die nicht nur ihre sind – mit sich selbst ausmachen!

Wer hingegen den politischen Konflikt bewusst ins Private trägt, befreit sich von der naiven Vorstellung, dass ein Neuanfang völlig stressfrei gelingen könnte. Allein das Ziel der Klimaneutralität stellt die Gesellschaft vor die Aufgabe, eine grundlegende wirtschaftliche und soziale Transformation zu bewältigen. Deren Ausmaße können nur mit der Industrialisierung und eventuell noch mit dem Wiederaufbau nach dem Zweiten Weltkrieg verglichen werden. Über andere drängende Probleme von der Rente bis hin zur Digitalisierung ist damit noch kein Wort verloren worden. Es ist kaum zu begreifen, wie sich überall, sowohl bei den Älteren als auch bei den Jüngeren, der Gedanke hartnäckig halten kann, dass ein derart fundamentaler Wandel ohne scharfe Auseinandersetzungen und ohne offene Konfrontationen gelingen könnte. Bisher hat noch jede tiefgreifende gesellschaftliche Veränderung auch im Privaten zu politischen Auseinandersetzungen geführt. Große Umbrüche bringen Gewinner und Verlierer hervor und lassen Eltern und Kinder, Geschwister und Partner, Freunde und Verwandte für einander entgegengesetzte Seiten Partei ergreifen. Jene breite politische Unterstützung aber, auf die jeder gesellschaftliche Neubeginn angewiesen ist, wird nicht nur in den großen Foren der Medien, auf Kundgebungen und im Parlament erstritten. Es braucht immer auch den Rückhalt im Privaten, der in zahllosen intimeren Gesprächen und kleinen Diskussionen erarbeitet wird.

Wenn die Jüngeren die Kontroverse am Küchentisch suchen, sollten die Älteren Verständnis haben. Viele Mitglieder der Nachkriegsgeneration und der älteren Babyboomer werden sich daran erinnern, wie sie selbst in jungen Jahren den politischen Streit nach Hause getragen haben. Sie werden sich erinnern, wie sie für die gesellschaftliche und kulturelle Erneuerung, wie sie für all das gekämpft haben, was wir heute mit der Jahreszahl 1968 verbinden. Sie werden sich auch noch daran erinnern können, wie sie am Küchentisch auf familiäre Bindungen und persönliche Befindlichkeiten wenig Rücksicht genommen haben. Den Gedanken, dass das Politische im Privaten nichts verloren hat, hätten sie als absurd zurückgewiesen, als faule Ausrede der genervten eigenen Eltern und Großeltern. Es ist immer unbequem, Privates mit Politischem zu mischen. Doch die Demokratie kann darauf nicht verzichten. Wir sollten den privaten politischen Streit wieder schätzen lernen.

So verschieden die Familien und Freundeskreise sind, so verschieden werden auch die an den einzelnen Küchentischen geführten Diskussionen verlaufen. Eines ist aber klar: In den allermeisten Familien werden Menschen beieinandersitzen, die teilweise auf der Gewinner- und teilweise auf der Verliererseite des Konflikts zwischen den Generationen stehen. Die Einsicht in diese Rollenverteilung ist vielleicht das wichtigste Ziel privater politischer Debatten. Sensibilisierung für die existierenden Ungerechtigkeiten zwischen den Generationen gelingt nur dort, wo Menschen sich Klarheit über ihren eigenen Standpunkt im Konflikt verschaffen.

Ein Bewusstsein für den Konflikt zwischen den Generationen wird kaum entwickelt werden können, ohne persönliche Lebensstile und weithin akzeptierte Selbstbilder in Frage zu stellen. Zu denken ist etwa an die Selbstbilder vieler Älterer, Schöpfer des Wohlstands zu sein und zugleich umweltbewusst zu leben. Diesem Selbstbild müssen die Jüngeren den Gedanken entgegensetzen, dass der erreichte Wohlstand teilweise auch auf die günstige wirtschaftliche Großwetterlage, vor allem aber auf die Abwälzung von Kosten und Problemen auf die nachrückenden Generationen und die ärmeren Staaten der Welt zurückzuführen ist. Die Älteren berichten von ihren gepflegt umweltbewussten Lebensweisen, Bioprodukten, Solaranlagen und E-Bikes. Die Jüngeren werden mit dem Hinweis reagieren, dass die harten Zahlen kontinuierlich gestiegener CO_2-Emissionen ein gänzlich anderes Bild vermitteln.

Die Kritik von Selbstbildern ist immer ein heikles Unterfangen. Denn die Vorstellung davon, wer man ist, gehört zu den zentralen Bestandteilen der eigenen Identität. Entsprechend werden sich vermutlich fast alle Menschen persönlich getroffen und herausgefordert fühlen, wenn ihr Selbstbild als falsch, verzerrt, schönfärbend oder einseitig kritisiert wird. Die meisten werden reagieren, indem sie das Gegenüber kritisieren und sich selbst zu rechtfertigen versuchen. Manche werden sicher auch bemüht sein, sich derartigen Diskussionen so weit wie möglich zu entziehen. Diese Flucht nicht zuzulassen, dazu braucht es Entschlossenheit, Mut und gute Nerven.

Damit Selbstbildkritik gelingen kann und nicht in Ablehnung und wechselseitigem Nichtverstehen endet, ist es wichtig, immer das eigentliche Ziel einer solchen Kritik im Auge zu behalten. Es geht in der Debatte am Küchentisch sicher nicht darum, Fragen persönlicher Schuld, Mitschuld oder Unschuld zu klären. Der moralische Kniefall der Älteren ist weder sinnvolles Ziel einer Diskussion, noch befinden sich die Jüngeren auch nur annähernd in der Position, ihn einfordern zu können. Schließlich spricht vieles dafür, dass auch die gegenwärtig Jüngeren einmal mit Recht scharfe Vorwürfe ihrer Kinder und Enkel werden aushalten müssen. Aufgrund der Komplexität der Systeme und Verbindungen, aus deren Zusammenspiel der Konflikt zwischen den Generationen entsteht, ist Schuld der falsche Begriff. Auch handelt es sich bei den meisten der in Rede stehenden Handlungen um viel zu alltägliche Dinge, als dass sich über sie sinnvoll in Kategorien persönlicher Schuld sprechen ließe. Worin sollte auch Schuld bestehen, wenn ein Mensch Rentenpunkte sammelt oder Auto fährt? Der Umstand, dass dieser Alltag letztlich doch seinen Beitrag zur Verfestigung ungerechter Beziehungen zwischen den Generationen leistet, generiert noch keine persönliche Schuld. Über Schuld ließe sich allenfalls mit Blick auf diejenigen diskutieren, die gesellschaftliche Führungspositionen bekleiden.

Mit Schuldvorwürfen am Küchentisch ist also niemandem geholfen. Wo mit den Liebsten über Gewinner und Verlierer, über die eigene Position im Konflikt zwischen den Generationen diskutiert wird, sollte es stattdessen um Fragen der Verantwortung gehen. Wo von Verantwortung gesprochen wird, bleiben Vorwürfe, bleibt die Kritik von Selbstbildern im Kern politisch und wird nicht persönlich. Die Jüngeren kritisieren dann weder die individuelle Rentenhöhe noch das Flugverhalten der Älteren. Sie kritisieren vielmehr, dass diese politisch untätig geblieben sind oder nur völlig unzureichende Maßnahmen ergriffen haben, obwohl sie seit Jahrzehnten von den bestehenden Problemen wussten. Durch ihre Untätigkeit haben die Älteren sehenden Auges eine ständige Verschärfung des Konflikts zwischen den Generationen zugelassen.

Die Probleme, die die Beziehungen zwischen den Generationen prägen, entstehen in kollektiven, komplexen Zusammenhängen und sind daher nur politisch lösbar. Entsprechend zielt die Kritik an den Älteren auf deren Rolle als Bürgerinnen und Bürger. Als Mitglieder der politischen Gesellschaft haben sie es viel zu lange versäumt, eine Politik aktiv einzufordern und dann nachdrücklich zu unterstützen, die sich der wachsenden Ungerechtigkeit zwischen den Generationen entschlossen entgegenstellt. Diesem Versäumnis mögen bessere oder schlechtere Motive zugrunde liegen, Bequemlichkeit, Nachlässigkeit oder ausgeprägter generationeller Egoismus. In jedem Fall begründet das Versäumnis eine politische Verantwortung der Älteren für die herrschenden Missstände.

Aus moraltheoretischer Sicht lässt sich das Problem auch so formulieren: Am Küchentisch ist zunächst keine Handlungskritik geboten, wohl aber starke Haltungskritik. Die Älteren haben, indem sie ihrem gewohnten Alltag und den eingeübten gesellschaftlichen Routinen treu geblieben sind, letztlich eine Haltung des grundsätzlichen Desinteresses gegenüber den Belangen der Jüngeren an den Tag gelegt. Die einzelnen Handlungen mögen zu klein und unbedeutend für moralische Kritik sein, die hinter ihnen stehende Haltung ist es jedoch nicht.

Haltungskritik gehört schon seit den antiken Tugendlehren zum Kerngeschäft ethischen Denkens. In Reihen von Handlungen, die für sich genommen unterschiedlich bewertet werden können, spiegeln sich Haltungen, die immer auch als Ausdruck des eigenen Charakters zu verstehen sind. Die einmalige Spende an eine Wohltätigkeitsorganisation ist an sich ein positiver Akt. Über die hinter dieser Spende stehende Haltung ist damit jedoch noch nichts gesagt. Auch kann derjenige, der einmal spendet und es dann nie wieder tut, wohl kaum als mildtätig oder großzügig bezeichnet werden. Eine regelmäßige Spende von 1000 Euro scheint für sich genommen besser zu sein als eine regelmäßige Spende von 10 Euro. Was aber, wenn die Geberin der 1000 Euro Multimillionärin ist, während sich die Geberin der 10 Euro ihren Spendenbeitrag monatlich mühsam vom Munde absparen muss? In dem Fall werden vermutlich die meisten dazu neigen, die in der Gabe von monatlich 10 Euro zum Ausdruck kommende Haltung moralisch positiver zu würdigen.

Haltungskritik lenkt den Blick auf den Gesamteindruck, der sich aus einzelnen Handlungen und Verhaltensweisen ergibt. Deswegen kann es auch für die Älteren bereichernd sein, eine solche Perspektive einzunehmen. Ist das wirklich meine Haltung zum Wert der Umwelt, die in der Summe meiner vielen kleinen, belanglosen Handlungen aufscheint? Möchte ich wirklich als jemand wahrgenommen werden, der eine derartige Haltung vertritt?

Unabhängig davon, ob die Kritik das Selbstbild oder die Haltung trifft: Wenn an den Küchentischen der Republik die Einsicht reifen sollte, dass die Verhältnisse zwischen den Generationen Gewinner und Verlierer produzieren und dass diese Zweiteilung nicht vom Himmel gefallen ist, wäre schon viel erreicht worden.

Doch die Jüngeren können sich dann noch immer nicht zufriedengeben. Denn aus der Einsicht muss die Bereitschaft der

Älteren erwachsen, den Konflikt zwischen den Generationen wirklich ernst zu nehmen. Sie müssen ihn bearbeiten und Schritte zu seiner Lösung mittragen. Die Jüngeren brauchen keine Lippenbekenntnisse, sondern ein aktives Einstehen der Älteren für eigene Versäumnisse, welches in der Unterstützung einer gerechteren Politik seinen Ausdruck findet.

Wo bleiben in diesem Bild die politisch Aktiven unter den Älteren, diejenigen, die sich schon seit Jahrzehnten für Gerechtigkeit zwischen den Generationen und gegen den Klimawandel engagieren? Dort, wo sie am Küchentisch sitzen, besteht für Kritik kein Anlass – und das ist auch richtig so. Mangelndes bürgerliches Verantwortungsbewusstsein ist die Grundlage berechtigter Vorwürfe. Entsprechend kann und darf denjenigen unter den Älteren, die seit langem um ihre Verantwortung wussten und entsprechend zu handeln versucht haben, nichts vorgeworfen werden. Klar ist aber auch: Diese Gruppe ist unter den Älteren deutlich in der Minderheit. Der Konflikt zwischen den Generationen wäre nie so groß geworden, hätte sich die Mehrheit der Älteren der Sache schon vor drei Jahrzehnten angenommen.

Ältere und Jüngere werden an den Küchentischen viel Geduld miteinander brauchen. Der Spaßfaktor der Gespräche wird sich in sehr engen Grenzen halten. Doch ohne den privaten Streit wird es nicht gehen. Wer ihn nicht möchte, ist an der Lösung des Konflikts nicht wirklich interessiert. Denn politisch wird sich erst dann Grundlegendes verändern, wenn sich die Breite der Gesellschaft der Probleme bewusst geworden ist und aktiv einfordert, politisch gegenzusteuern. Jede Pauschalkritik der Politik macht es sich hier zu einfach und blendet die Tatsache aus, dass gerechte Politik auf entsprechende gesellschaftliche Haltungen angewiesen ist. Wo die Älteren in der Mehrheit sind und ihre eigenen Interessen immer über die der Jüngeren stellen, handelt eine die Älteren bevorzugende Politik demokratisch gesehen durchaus konsequent.

8 Der Gang durch die Institutionen

Die engagierte Auseinandersetzung mit dem Konflikt zwischen den Generationen beginnt am Küchentisch und endet im politischen Raum. Denn die Auflösung der bestehenden Probleme kann nur politisch erfolgen. Dabei verdienen die drei Ebenen der öffentlichen Debatte, der staatlichen Institutionen und des Rechts besondere Beachtung.

1. In öffentlich geführten politischen Debatten wird die Zukunft schon immer in den schillerndsten Farben schöngeredet: Kaum ein größeres politisches Projekt wird von seinen Befürwortern nicht als zukunftsweisend, nachhaltig, vorausschauend und krisenfest gelobt. Die demonstrativ zur Schau getragene Entschlossenheit, für die Zukunft vorsorgen zu wollen, ist so allgegenwärtig, dass man nur skeptisch werden kann.

Denn allzu oft verbirgt sich hinter der Rhetorik für morgen eine Politik von gestern. Soll der Konflikt zwischen den Generationen ernsthaft bearbeitet werden, ist zuerst eine Kritik unserer Debattenkultur gefordert, eine Kritik, die zu einer neuen politischen Kultur der Aufrichtigkeit zwischen Älteren und Jüngeren führen sollte. Die Medien sowie die Bürgerinnen und Bürger selbst müssen dafür Sorge tragen, dass öffentliche Akteure realistisch über die Beziehungen zwischen den Generationen sprechen und die Debatte nicht länger mit vagen Hoffnungen und inhaltlich unbegründeter Zukunftszuversicht bestreiten.

Die klimapolitischen Diskussionen zeigen, dass eine nachhaltige Verbesserung der Qualität von Debatten über Gerechtigkeit zwischen den Generationen möglich ist. Dazu ein Beispiel: Wie dargelegt, lautete eine beliebte Antwort auf die Probleme des Klimaschutzes lange Zeit: Die Technik wird es schon richten! Die Antwort trifft durchaus einen wichtigen Punkt. Ohne technologische Innovationen wird Klimaneutralität kaum zu erreichen sein.

Doch das allein macht aus einer beliebten noch lange keine gute Antwort. Gut wird die Antwort erst dann, wenn sich hinter ihr ein durchdachtes politisches Konzept verbirgt. Gut wird die Antwort, wenn etwa folgende Fragen schlüssig beantwortet werden können: Welche Technologien brauchen wir, um das Ziel der Klimaneutralität zu erreichen? Welche dieser Technologien gibt es schon, welche sind marktreif, welche müssen noch entwickelt werden? Wie fördern wir Forschung und Entwicklung, um sicherzustellen, dass die Technik rechtzeitig zur Verfügung steht? Wie gehen wir mit dem Problem um, dass sich technische Lösungen als nicht machbar erweisen könnten? Haben wir dann Alternativen?

Der simple Verweis auf den technischen Fortschritt reicht längst nicht mehr aus, um in der Klimadebatte zu bestehen. Medien und Gesellschaft fordern ernsthafte und plausible Antworten auf die genannten Fragen ein. An dieser Stelle hat sich die Qualität der politischen Debatte spürbar verbessert, auch wenn natürlich noch sehr viel zu tun bleibt.

In all jenen Politikfeldern, die für Gerechtigkeit zwischen den Generationen relevant sind, muss ein politisches Diskussionsniveau erreicht werden, welches der Größe der Probleme Rechnung trägt. Oftmals ist das nicht der Fall, wie rentenpolitische Debatten besonders deutlich machen. Warnungen von Experten vor immer größeren Defiziten in den Rentenkassen werden von der Politik gern mit gelassenem Abwinken beantwortet. Solche Warnungen habe es schon seit Jahrzehnten gegeben, erfüllt hätten sie sich aber nie. Im besten Fall wird vage darauf hingewiesen, dass das Wirtschaftswachstum und eine steigende Beschäftigungsquote es schon richten werden.

Eine aufrichtige Auseinandersetzung mit dem Thema, die die Interessen der Jüngeren ernst nimmt, sieht sicher anders aus: Woher nimmt die Politik den Optimismus, dass die Experten wieder falsch liegen? Was natürlich bedeutet: Wo genau liegen die Experten denn falsch, was haben sie nicht gesehen, was die Politik aber sieht? Und was berechtigt die Politik, von kontinuierlichem Wirtschaftswachstum in der Zukunft auszugehen? Worauf beruht ihr Optimismus, dass angesichts einer alternden Gesellschaft eine deutliche Steigerung der Beschäftigungsquote möglich ist? Welche konkreten Maßnahmen zum Erreichen dieses Ziels ergreift sie? Die Politik kann noch immer viel zu häufig davon ausgehen, dass ihr solche unbequemen Nachfragen nicht gestellt werden. Eine ernsthafte Auseinandersetzung mit der Rente, einem zentralen Element des Konflikts zwischen den Generationen, findet daher kaum statt.

2. Aus einer lebhaften politischen Debatte heraus muss ein Thema in die staatlichen Institutionen getragen werden. Dem Querschnittscharakter des Problems entsprechend muss bei jeder politischen Entscheidung mitbedacht werden, wie sie sich auf die Beziehungen zwischen den Generationen auswirkt. Es hilft deswegen wenig, das Thema einzelnen Ministerien, Be-

hörden oder Abteilungen zur Bearbeitung zuzuweisen. Vielmehr müssen in jeder staatlichen Institution und in jedem Ministerium Verantwortliche benannt werden, die sich dem Thema widmen und etwa Gesetzesvorhaben kritisch hinsichtlich ihrer Auswirkungen auf das Verhältnis zwischen den Generationen überprüfen. Eine breite Verankerung des Themas in den staatlichen Institutionen wird sicherlich kurzfristig keine großen Wirkungen entfalten. Doch langfristig kann so der Wandel hin zu einer politischen Kultur befördert werden, in der Gerechtigkeit zwischen den Generationen als selbstverständliches Ziel politischen Handelns immer mitbedacht wird.

3. Rechtliche Aspekte spielen in Diskussionen um Gerechtigkeit zwischen den Generationen bisher kaum eine Rolle. Das Recht erscheint gelegentlich sogar als Stütze der Älteren und somit als Hindernis, das größeren Reformen zugunsten der Jüngeren enge Grenzen setzt. Das gilt etwa, wie gesehen, für die Rentenpolitik. Doch ist inzwischen Bewegung in die Debatte gekommen. Den Anlass dazu lieferte das Bundesverfassungsgericht mit seinem vielbeachteten Urteil zum Klimaschutzgesetz vom März 2021. Ausgangspunkt des Urteils ist der Artikel 20 a des Grundgesetzes:

> Der Staat schützt auch in Verantwortung für die künftigen Generationen die natürlichen Lebensgrundlagen und die Tiere im Rahmen der verfassungsmäßigen Ordnung durch die Gesetzgebung und nach Maßgabe von Gesetz und Recht durch die vollziehende Gewalt und die Rechtsprechung.

Das Bundesverfassungsgericht leitet in seinem Urteil aus diesem Artikel eine Verpflichtung ab, Klimaneutralität zu erreichen. Das Ziel ist damit gesetzt. Jedoch unterliegen die Wege hin zum Ziel ebenfalls verfassungsrechtlichen Einschränkungen. Sie müssen so ausgestaltet werden, dass die durch das

Grundgesetz geschützten Freiheiten dauerhaft gewahrt bleiben. Davon ausgehend entwickeln die Karlsruher Richterinnen und Richter folgenden Gedankengang: Wenn die Emissionen in den 2020er Jahren nicht hinreichend schnell und hinreichend stark sinken, wird das durch die Verfassung gebotene Ziel der Klimaneutralität in den Jahren nach 2030 nur durch radikale Maßnahmen erreicht werden können. Solche Maßnahmen verlangen starken Verzicht und gehen mit einem Verlust an politischer Handlungsfreiheit einher. Jede jetzt nicht eingesparte Tonne CO_2 muss in Zukunft eingespart werden und erhöht damit den Handlungsdruck. Die Freiheit der Gegenwart, auf die Reduktion von Emissionen zu verzichten, wird zu Lasten der Freiheit der Zukunft erkauft. Eben das ist mit dem Grundsatz gleicher Freiheiten nicht zu vereinbaren.

Das beanstandete Klimaschutzgesetz schrieb bis 2030 Ziele zur Reduktion von Treibhausgasen vor. Bis 2030 sollten die Emissionen im Vergleich zu 1990 um 55 Prozent gesunken sein. Das Gesetz enthielt ferner die allgemeine Vorgabe, das Pariser Klimaschutzabkommen einzuhalten und somit Klimaneutralität bis 2050 zu erreichen.

Genauere Bestimmungen für den Zeitraum nach 2030 wurden jedoch nicht getroffen. Eben hier liegt nach Ansicht des Bundesverfassungsgerichts das Problem. Das Gesetz sei verfassungswidrig, da es den Weg der Emissionsreduktionen nach 2030 nicht näher beschreibe. Denn damit bleibe auch unklar, wie weitere Reduktionen und schließlich das Ziel der Klimaneutralität grundrechtsschonend erreicht werden können:

> Der Gesetzgeber hat […] Grundrechte verletzt, weil er keine ausreichenden Vorkehrungen getroffen hat, die – wegen der gesetzlich bis 2030 zugelassenen Emissionen in späteren Zeiträumen möglicherweise sehr hohen – Emissionsminderungspflichten grundrechtsschonend zu bewältigen. […] Das Grundgesetz verpflichtet unter bestimmten

Voraussetzungen zur Sicherung grundrechtsgeschützter Freiheit über die Zeit und zur verhältnismäßigen Verteilung von Freiheitschancen über die Generationen. Als intertemporale Freiheitssicherung schützen die Grundrechte [...] vor einer einseitigen Verlagerung der durch Art. 20 a GG aufgegebenen Treibhausgasminderungslast in die Zukunft [...]. Insoweit fehlen Mindestregelungen über Reduktionserfordernisse nach 2030, die geeignet wären, einer notwendigen Entwicklung klimaneutraler Techniken und Praktiken rechtzeitig grundlegende Orientierung und Anreiz zu bieten.[1]

Es lässt sich trefflich darüber streiten, ob und in welchem Ausmaß die Richterinnen und Richter mit diesem Urteil aktiv Politik betrieben haben. Unabhängig davon gilt: Durch den Beschluss hat das höchste deutsche Gericht die Position der Jüngeren im Klimakonflikt der Generationen mit Nachdruck gestärkt. Doch die Bedeutung des Karlsruher Urteils dürfte noch weitaus größer und grundsätzlicher sein. Dies legen erste fachwissenschaftliche Diskussionen des Urteils nahe. Wenn der Grundsatz gilt, dass das Grundgesetz, wie gerade zitiert, »zur verhältnismäßigen Verteilung von Freiheitschancen über die Generationen« hinweg verpflichtet, gilt dies sicher nicht nur für die Klimapolitik. Warum sollte dieser Gedanke nicht auch auf die Renten- und die Schuldenpolitik Anwendung finden können? Eine Politik der leeren Rentenkasse wird ebenso wie eine ungebremst wachsende Staatsverschuldung die Spielräume für freies politisches Entscheiden in späteren Jahrzehnten empfindlich einschränken. Vielleicht hat das Bundesverfassungsgericht hier also ein »Grundrecht auf Nachhaltigkeit« etabliert, wie es der Rechtswissenschaftler Gregor Kirchhof formuliert?[2]

Die Karlsruher Klimarechtsprechung eröffnet den Jüngeren in jedem Fall die Möglichkeit, im Konflikt zwischen den Generationen auch mit rechtlichen Mitteln für ihre Interessen einzutreten. Wie vielversprechend und wie effektiv der Rechtsweg wirklich ist, werden weitere Verfahren zeigen müssen. Immerhin ist ein Präzedenzfall geschaffen worden, den die Jüngeren politisch nutzen können, um den anderen Großbaustellen im Verhältnis zwischen den Generationen zu breiterer Aufmerksamkeit zu verhelfen.

Junge, Ungeborene und ihre Stellvertreter

Der Konflikt zwischen den Generationen wirft die grundlegende Frage auf, ob es zu seiner Bewältigung einer grundsätzlichen Reform des politischen Systems bedarf. Müssen die Verfahren politischer Entscheidungsfindung grundlegend verändert werden, um die Beziehungen zwischen den Generationen gerecht ausgestalten zu können?

In der eher fachwissenschaftlich als öffentlich geführten Debatte wird diese Frage oftmals bejaht. Dabei werden zwei Arten von Lösungen in den Blick genommen.

Antworten der ersten Art haben zum Ziel, den gegenwärtig jüngeren Generationen größeren politischen Einfluss zu verschaffen. So wird beispielsweise gefordert, das Wahlalter abzusenken und Eltern für jedes ihrer Kinder eine zusätzliche Stimme bei Wahlen zu geben.[3] Diesen Antworten geht es somit um eine verbesserte politische Repräsentation der *gegenwärtig* lebenden jüngeren Generationen.

Die zweite Art von Antworten nimmt ungeborene, *zukünftige* Generationen in den Blick. Zweifelsohne können zukünftige Generationen von gegenwärtiger Politik profitieren oder durch sie geschädigt werden. Deswegen, so der Vorschlag, soll ein Stellvertretergremium geschaffen werden, das sie im politischen Verfahren vertritt. Zur konkreten Ausgestaltung dieses Gremiums sind sehr unterschiedliche Konzepte entwickelt worden. Sie reichen von der Einrichtung einer Ombudsstelle für die Belange zukünftiger Generationen über einen Zukunftsgerichtshof bis hin zu einem Rat oder einer Kammer für Nachhaltigkeit, die politische Vorhaben zwar nicht endgültig blockieren, aber doch durch ihr Veto verzögern kann.[4]

Ein solches Stellvertretergremium eignet sich nur zur Bearbeitung von Problemen, die sowohl die heute Jüngeren als auch die noch nicht Geborenen betreffen. Weitere Schwierigkeiten kommen hinzu: Der Forderung nach einem Stellvertretergremium liegt zumeist der Gedanke zugrunde, dass wenige ausgewählte Politikfelder entscheidend dafür sind, gerechte Beziehungen zwischen den Generationen herzustellen. Der Fokus liegt dabei eindeutig auf der Umwelt- und Klimapolitik. Sollte aber die hier entwickelte These zutreffen, der zufolge Gerechtigkeit zwischen den Generationen eine Querschnittsaufgabe darstellt, dann ist eine derartige thematische Engführung inhaltlich unangemessen. Man könnte daraus Konsequenzen zu ziehen versuchen und etwa einen Rat für Nachhaltigkeit verlangen, dem Mitspracherechte bei allen politischen Entscheidungen eingeräumt werden. Diese Forderung würde jedoch ein anderes Problem verschärfen: Nach welchen Kriterien sollte die Mitgliedschaft in einem solchen Rat vergeben werden? Wer kann glaubwürdig für sich in Anspruch nehmen, die Interessen Zukünftiger zu vertreten? Jede diskussionswürdige Antwort wird in der einen oder anderen Weise das Kriterium der Expertise einbeziehen müssen. Liegt es nicht nahe, den Rat mit Klimawissenschaftlern und Rentenexperten zu besetzen? Denn wer sollte besser als sie über die Zukunft urteilen können?

Dies führt zu neuen Schwierigkeiten: Politische Entscheidungen beruhen nur begrenzt auf Expertise.[5] Expertinnen und Experten können Problemlagen beschreiben und Strategien zur Problemlösung aufzeigen. Allein dadurch werden politische Entscheidungen jedoch nicht getroffen. Selbst wenn sich das Ziel politischer Entscheidungen wie etwa in der Klimapolitik geradezu aufdrängt, steht noch keineswegs fest, welcher konkrete Weg zum Ziel führt. Bei der Wahl der Mittel sind immer Alternativen denkbar, die sich ihrerseits aber oftmals grundlegend voneinander unterscheiden. Je konkreter es politisch wird, umso schwächer wiegt die Expertise und umso stärker wird das Moment genuinen politischen Entscheidens.

Ein aus Expertinnen und Experten bestehendes Gremium sieht sich somit notorisch vor die Herausforderung gestellt, die Grenzen der eigenen Expertise zu beachten und der Versuchung (partei)politischer Positionierung zu widerstehen. Dauerhafte Konflikte um die Frage, ob das Gremium auftragsgemäß arbeitet oder aber sich parteipolitisch positioniert, wären unausweichlich. Und dieses Problem würde sich noch weiter verschärfen, wenn ein solches Gremium in praktisch allen Politikfeldern Einfluss nehmen könnte, wie es die hier vertretene Querschnittsthese nahelegt. Denn Expertise ist immer Expertise für ein bestimmtes Themengebiet. Wenn Expertise die Mitgliedschaft in einem Rat für Nachhaltigkeit begründen soll, dann müsste konsequenterweise für jedes wichtige Politikfeld ein eigener Rat eingerichtet werden.

Aufgrund all dieser Probleme könnte man auf den Gedanken kommen, einen solchen Rat nicht auf Grundlage von Expertise zu besetzen, sondern seine Mitglieder demokratisch wählen zu lassen. Das könnte direkt durch das Volk oder indirekt durch die Parlamente geschehen. In einem solchen Falle würde man aber lediglich eine weitere parlamentarische Kammer schaffen, in der sich die ohnehin bestehenden Mehrheitsverhältnisse und politischen Auseinandersetzungen widerspiegeln würden: Von der Ursprungsidee eines an der Zukunft orientierten Gegengewichts zur politischen Mehrheit der Gegenwart wäre nicht viel übriggeblieben.

Kurz: Es fällt offenkundig schwer, ungeborenen Generationen in politischen Verfahren der Gegenwart eine gewichtige Stimme zu verleihen.

Wie aber steht es um Reformideen, die den *gegenwärtig*

lebenden, jüngeren Generationen größeren Einfluss in der Politik verschaffen sollen? Sollten etwa Eltern zusätzlich zu ihrer eigenen Stimme für jedes ihrer Kinder eine weitere Stimme bei Wahlen erhalten? Auch hier können grundlegende Zweifel angemeldet werden. Gehört es nicht zu den größten Errungenschaften moderner Demokratie, das Prinzip *one man, one vote* durchgesetzt zu haben? Die Zweifel lassen sich verstärken, indem eines der eben gegen Expertengremien vorgebrachten Argumente im Kleinen wiederholt wird: Wer sagt denn, dass es wirklich die Eltern sind, die vernünftig darüber entscheiden können, welches Stimmverhalten dem Interesse ihrer Kinder am besten dient? In vielen Fällen sind vermutlich andere Personen dazu viel besser in der Lage, seien es nun Freunde, Paten, Großmütter, Lehrerinnen – oder eben Experten?

Bei all dem überrascht, dass eine Möglichkeit so gut wie nie ernsthaft diskutiert wird. Auf nationaler Ebene kann ein Gremium geschaffen werden, welches die Interessen der Jüngeren unmittelbar vertritt. Dabei ist etwa an einen direkt gewählten Jugendrat zu denken, dem gewisse Rechte der Teilhabe am politischen Verfahren zukommen. Dazu könnten die Rechte gehören, im Bundestag und Bundesrat Anträge stellen und Parlamentsdebatten zu bestimmten Themen einfordern zu können. Sinnvoll wäre auch, dem Gremium zu gestatten, Regierungsmitglieder vorladen und öffentlich anhören und befragen zu können. Das aktive und passive Wahlrecht sollte nur bei den Jüngeren liegen: Wählen und gewählt werden darf, wer etwa beispielsweise zwischen 14 und 35 Jahre alt ist.

Ein solches Gremium kann dazu beitragen, Probleme der Gerechtigkeit zwischen den Generationen auf die politische Tagesordnung zu setzen und im politischen Bewusstsein fest zu verankern. Ein Jugendrat sieht sich zugleich nicht mit den Schwierigkeiten konfrontiert, an denen alle zuvor diskutierten Vorschläge leiden. Denn diese laufen letztlich alle darauf hinaus, dass Ältere als Experten oder Eltern darüber entscheiden, was im Interesse der Jüngeren zu tun oder zu unterlassen ist. Im Vergleich dazu lebt die Idee des Jugendrates von der Zuversicht, dass die Jüngeren in der Lage sind, für sich selbst zu sprechen. Sie brauchen keine Älteren, die es in ihrem Namen besser wissen. Sie brauchen vielmehr ein mit Rechten ausgestattetes Forum, das ihren Anliegen Gehör verschaffen kann. Schließlich würde der Jugendrat über die beste Legitimation verfügen, die unsere Demokratie kennt: Er würde in freier, fairer Wahl bestimmt.

9 Am Ende geht es ums Geld: Für einen neuen Lastenausgleich

Die Ungerechtigkeit in den gegenwärtigen Beziehungen zwischen den Generationen hat verschiedene Dimensionen. Kulturelle Einstellungen sind ebenso von Bedeutung wie gesellschaftliche Haltungen oder politische Verfahren. Dies alles ändert jedoch nichts daran, dass der Konflikt zwischen den Generationen vor allem ein Konflikt um materielle Ressourcen ist. Das politische System kann mit dem Ziel reformiert werden, jeder Generation größere Spielräume für demokratische Entscheidungen zu sichern. Die Schulen können vollumfänglich digitalisiert werden. Die Gesellschaft kann zu migrationspolitischer Ehrlichkeit und damit zu neuen Selbstbildern als Einwanderungsgesellschaft finden. All diese Ziele sind groß genug. Werden sie erreicht, werden sich die Beziehungen zwischen

Älteren und Jüngeren spürbar verbessern. Doch die existierende Ungerechtigkeit lässt sich auf kein erträgliches Maß reduzieren, so lange nicht die materiellen und finanziellen Konflikte zwischen den Generationen gelöst werden.

Es führt kein Weg daran vorbei, die materiellen Beziehungen zwischen Älteren und Jüngeren neu zu ordnen. Um noch einmal an die relevanten Größenordnungen zu erinnern: Die Kosten für den Umbau hin zur klimaneutralen Gesellschaft gehen in die Billionen. In eben diesen Höhen bewegt sich die deutsche Staatsverschuldung. Wie dargelegt, wird Deutschland schon 2025 mehr als 80 Milliarden Euro im Jahr für die Pensionen von Beamtinnen und Beamten aufbringen müssen. Bereits jetzt ist die Finanzierungslücke in der Rentenversicherung, die durch Steuermittel geschlossen werden muss, auf weit über 50 Milliarden Euro jährlich angewachsen. Dabei umfasste der deutsche Bundeshaushalt nach Abrechnung des Bundesfinanzministeriums 2019 insgesamt nur 343,6 Milliarden Euro.[1] Wie diese Zahlen verdeutlichen, können es sich die Jüngeren schlicht nicht leisten, auf den gerechten Verzicht der Älteren zu verzichten.

In der Geschichte der Bundesrepublik war es bisher zweimal notwendig, die materiellen und finanziellen Beziehungen zwischen Gruppen der Gesellschaft grundlegend neu zu ordnen. Der 1949 gegründete Staat hatte neben vielen anderen Problemen eine besondere Herausforderung zu meistern: Wie konnte Gerechtigkeit gewährleistet werden zwischen denen, die im Krieg alles verloren hatten, und denen, die der Krieg materiell nicht oder kaum geschädigt hatte? Da die eine Gruppe für das Kriegsgeschehen ebenso verantwortlich war wie die andere, konnte es nicht gerecht sein, alles so zu belassen, wie es war. Es hätte den Staat auf absehbare Zeit politisch zerrissen, hätte die zum Ende des Krieges existierende Besitzverteilung unkorrigiert Bestand gehabt. So erarbeiteten Politikerinnen und Politiker parteiübergreifend verschiedene Maßnahmen, die zusammengenommen als großer Lastenausgleich beschlossen und vor allem 1952 in Gesetzesform gebracht wurden.[2] Wem nach dem Krieg hinreichend viel Besitz verblieben war, der musste über Jahrzehnte hinweg zu geringen Sätzen verschiedene Abgaben zahlen. Dies galt etwa für Vermögen und für Einnahmen aus Hypotheken und Krediten. Vor allem aus diesem Geld wurde ein Fonds gespeist, aus dem Empfangsberechtigte Zahlungen erhielten. Der Fond wurde zur Entschädigung für verlorenen Besitz und zerstörtes Hab und Gut ebenso verwendet wie für Darlehen für den Immobilienkauf oder für Maßnahmen zum Aufbau von neuen Existenzgrundlagen.

Mit der Wiedervereinigung stellte sich 1989/90 die Frage nach der Verteilung der Kosten der Deutschen Einheit und des sich abzeichnenden fundamentalen Strukturwandels in den neuen Bundesländern. Die Politik antwortete auf diese Herausforderung mit der Einführung des Solidaritätszuschlags auf die Einkommens-, die Kapitalertrags- und die Körperschaftssteuer. Der Solidaritätszuschlag wurde und wird in Ost- ebenso wie in Westdeutschland erhoben. Es wäre also falsch, ihn lediglich als Geldtransfer von West- nach Ostdeutschland zu verstehen.

Die deutsche Geschichte zeigt, dass eine materielle Neuordnung der Beziehungen zwischen wichtigen Gruppen der Gesellschaft keineswegs neu und beispiellos ist. Außergewöhnliche Umstände haben immer wieder außergewöhnliche Maßnahmen notwendig werden lassen. Die Herausforderungen unserer Gegenwart sind zweifelsohne außergewöhnlich. Das zeigt allein der Umstand, dass die Transformation hin zur klimaneutralen Gesellschaft ihrer Größe nach nur mit der industriellen Revolution verglichen werden kann. Hinzu kommt, dass sich mit den Älteren und den Jüngeren zwei Gruppen in der Gesellschaft gegenüberstehen, die sich ungeachtet ihrer jeweiligen inneren Vielfalt doch mit einigem Recht als zwei getrennte Parteien in einem großen Konflikt beschreiben lassen. Es gibt somit gute Gründe, sich von den alten Lösungen neu inspirieren zu lassen.

Dabei sollte schon aus Gründen der begrifflichen Klarheit von einem »Lastenausgleich« zwischen den Generationen gesprochen werden, denn der Begriff »intergenerationeller Solidaritätszuschlag« würde das faktisch bestehende Problem und die Pointe der hier entwickelten Analyse verfehlen: Die Älteren müssen sich nicht mit den Jüngeren solidarisch zeigen, weil diese unverschuldet oder selbstverschuldet in Probleme geraten sind, deren Lösung ihre finanziellen und materiellen Kräfte überfordert. Wer hier von Solidarität sprechen würde, würde lediglich die falsche Erzählung der selbstlos handelnden älteren Generationen weiterführen. Tatsächlich stehen die Älteren in der Pflicht, einen Ausgleich für diejenigen Lasten zu finanzieren, die sie den jüngeren Generationen ungerechterweise aufgebürdet haben.

Selbstverständlich bestehen markante Unterschiede zwischen dem Lastenausgleich der 1940er und 1950er Jahre und dem heute benötigten Lastenausgleich zwischen den Generationen. Es kann also nicht um die einfache Übernahme alter Rezepte gehen. Jedoch teilt der alte bundesdeutsche mit dem hier skizzierten neuen Lastenausgleich zwischen den Generationen nicht nur den Grundansatz: Eine Gruppe muss geben, eine andere Gruppe ist empfangsberechtigt. Vielmehr tragen beide Lastenausgleiche der Komplexität der zu bekämpfenden Ungerechtigkeiten Rechnung. Genau deswegen schaute man nach 1945 nicht nur auf die Summen von verlorenem und bewahrtem Vermögen. Vielmehr wurden sehr unterschiedliche Politikfelder miteinander vernetzt, angefangen bei der Wohnungs- über die Wirtschafts- bis hin zur Infrastruktur- und Sozialpolitik. Eben deswegen muss ein neuer Lastenausgleich zwischen den Generationen viele Politikfelder miteinander vernetzen. Er muss etwa den klimapolitischen Herausforderungen ebenso wie den Schieflagen in der Renten- und der Schuldenpolitik begegnen können.

Entsprechend wird auch ein neuer Lastenausgleich nicht durch eine einzige, zentrale Maßnahme herbeigeführt werden können. Notwendig ist vielmehr ein ganzes Bündel von Maßnahmen, die jeweils auf die spezifischen Umstände einzelner Politikfelder hin zugeschnitten sind. Zusammengehalten würden die in den einzelnen Politikfeldern ergriffenen Maßnahmen von dem übergeordneten Ziel, die Jüngeren von unfairen Lasten zu befreien und für mehr Gerechtigkeit zwischen den Generationen zu sorgen.

Im Folgenden sollen beispielhaft zwei Maßnahmen aus den Bereichen der Klima- und der Rentenpolitik skizziert werden. Auf diese Weise wird anschaulich, wie ein Lastenausgleich zwischen den Generationen gestaltet und gerechtfertigt werden kann. Zu bedenken bleibt dabei natürlich immer, dass ein philosophischer Ansatz nur begrenzt dazu in der Lage ist, die Details konkreter politischer Maßnahmen zu rechtfertigen. Hier sind andere wissenschaftliche Disziplinen und nicht zuletzt der (partei)politische Wille zur Entscheidung gefragt. Die folgenden Überlegungen stehen daher unter der Leitfrage, welche Maßnahmen grundsätzlich zur Lösung der herausgearbeiteten Probleme der Gerechtigkeit beitragen könnten.

Den Klimakonflikt zwischen den Generationen prägt der Umstand, dass CO_2 über Jahrzehnte hinweg nicht angemessen bepreist wurde. Dabei verfolgen steigende Preise für CO_2-Emissionen zwei Ziele: Sie setzen zum einen ökonomische Anreize zur Reduktion von Emissionen. Sie generieren zum anderen Einnahmen, mit denen Maßnahmen zum Klimaschutz finanziert werden können.

Es steht außer Frage, dass zur Einhaltung des 1,5-Grad-Ziels eine schnelle und drastische Reduktion der Emissionen geboten ist. Ebenso wenig kann bezweifelt werden, dass die Transformation hin zu einer klimaneutralen Gesellschaft mit enormen Kosten verbunden ist. In dem Maße, in dem CO_2-Emissionen über Jahrzehnte hinweg überhaupt nicht oder nur völlig unzureichend bepreist worden sind, wächst der Druck, von nun an CO_2-Emissionen in deutlich schneller aufeinander folgenden Schritten deutlich höher zu bepreisen. Nur auf diese Weise können die Klimaschutzziele eingehalten werden. Denn nur so würden genügend starke Anreize gesetzt, Emissionen schnell zu senken, und zugleich Einnahmen generiert, mit denen sich Projekte im Klimaschutz finanzieren lassen.

Die älteren Generationen konnten während eines Großteils ihres Lebens CO_2 für umsonst oder zu lächerlich geringen Preisen emittieren. Das auf diese Weise gesparte Geld konnten sie zu ihrem Vorteil nutzen. Wenn die Preise für Emissionen jetzt schnell und stark steigen, dann bezahlen die Jüngeren nicht nur ihren Teil des Emissionskuchen. Sie finanzieren anteilig auch das übergroße Kuchenstück mit, das die Älteren sich zuvor kostenfrei selbst genehmigt hatten.

Mit steigenden CO_2-Preisen steigen unweigerlich auch die Belastungen der Privathaushalte. Es besteht deswegen aus gutem Grund weitgehende politische Einigkeit darüber, dass Gegenmaßnahmen zur finanziellen Entlastung der Bürgerinnen und Bürger zu treffen sind. Diskutiert werden etwa ein Energiegeld oder eine Klimadividende. Die Grundidee dahinter lautet wie folgt: Aufgrund höherer CO_2-Preise steigen die Verbrauchsausgaben der Privathaushalte, etwa für Strom, Heizung oder Tanken. Im Gegenzug erhalten die Bürgerinnen und Bürger einen Teil der aus der CO_2-Bepreisung erzielten Einnahmen zurück. Eben diese Rückzahlung wird als Energiegeld oder Klimadividende bezeichnet. Läuft es gut, setzt ein solches Modell sogar individuelle Anreize, die eigenen Emissionen zu reduzieren. Denn von der Rückzahlung profitiert man umso stärker, je weniger CO_2 man selbst emittiert und je niedriger die eigenen Ausgaben beim Tanken oder beim Heizen ausfallen.

Die Klimarückzahlung kann ein wichtiges Instrument zur

Förderung von klimapolitischer Gerechtigkeit zwischen den Generationen sein. Alles, was es hierzu bräuchte, wäre eine Kopplung der Höhe der Klimarückzahlung an das Lebensalter. Je älter eine Person ist, desto geringer fällt ihre Rückzahlung aus. Die einbehaltene Summe wäre weder eine Strafzahlung noch würde sie jemanden diskriminieren. Ganz im Gegenteil: Sie wäre eine mehr als gerechtfertigte Nachzahlung der Älteren für die von ihnen in vergangenen Jahrzehnten verursachten Emissionen. Diese hätten fair bepreist werden und sich entsprechend in den Verbrauchskosten spiegeln müssen. Das ist zum materiellen Vorteil der Älteren nicht geschehen. Da die horrenden Kosten für den Klimaschutz aber sehr reell sind, ist es aus Sicht der Jüngeren nur fair, eine solche Nachzahlung einzufordern. Selbstverständlich wäre es möglich, in die Klimarückzahlung eine soziale Komponente mit einzubeziehen, die dazu beitragen könnte, die Lasten innerhalb der älteren Generationen gerechter zu verteilen.

Es sagt viel über den Zustand der klimapolitischen Debatte aus, dass dieser naheliegende Vorschlag kaum diskutiert wird. Eine Kopplung der Klimarückzahlung an das Lebensalter hätte aber auch den großen Vorteil, parteipolitisch unterschiedlich ausgestaltet werden zu können. Es bliebe viel Raum für den demokratischen Wettbewerb der Ideen, etwa in Bezug auf die Frage, was mit dem Geld geschehen soll, das einbehalten und den Älteren nicht ausgezahlt wird. Es könnte etwa dazu genutzt werden, den Jüngeren eine höhere Klimarückzahlung zukommen zu lassen. Oder es könnte einen Fonds speisen, aus dem Jüngere beim Erwerb oder bei der klimagerechteren Sanierung einer Wohnimmobilie unterstützt werden könnten. Der parteipolitischen Phantasie sind hier kaum Grenzen gesetzt.

Eine nach Lebensalter gestaffelte Klimarückzahlung stellt eine relativ einfach umsetzbare Maßnahme zur Entschärfung des Konflikts zwischen den Generationen dar. Wie einschneidend sie wirkt, hängt von ihrer konkreten Ausgestaltung ab. Sie ist sicher nicht alternativlos. Jedoch könnten die Älteren mit der Einführung dieses oder vergleichbarer Instrumente zeigen, dass sie die Klimakrise ernst nehmen und den jungen Protestierenden nicht nur aus strategischen Gründen Beifall spenden.

Die Jüngeren müssen in jedem Fall einen höheren finanziellen Beitrag der Älteren zum Klimaschutz einfordern. Denn das Problem ist zu groß und die Kosten sind zu hoch, als dass sie sich darauf einlassen könnten, »den Blick nach vorne zu richten« und die Fehler der Vergangenheit stillschweigend zu übergehen.

Und wie sieht es mit der Rente aus? Die Erwartungen der älteren Generationen in Bezug auf den Umfang und das Niveau ihrer Rente sind überzogen. Sie passen weder zu den von ihnen getroffenen demographischen Entscheidungen noch zu den von ihnen geleisteten eigenen Anstrengungen zur Altersvorsorge. Die Älteren reagieren auf die selbst verursachten Probleme nicht angemessen, indem sie etwa ihre Erwartungen an das System zurückschrauben oder eine funktionierende Zuwanderungspolitik etablieren würden. An Stelle dessen kürzen sie den Jüngeren die Rentenleistungen und schütten die immer größer werdenden Lücken in der Finanzierung mit Steuermitteln zu.

Den Generationenvertrag der Rente haben die Älteren somit nicht erfüllt. Wäre der Rentenvertrag ein Vertrag wie jeder andere auch: die Jüngeren hätten ihn längst gekündigt. Eine Kündigung aber ist rechtlich nicht vorgesehen und politisch unmöglich. Umso wichtiger ist es, wenigstens der Vergrößerung der Ungerechtigkeiten nicht tatenlos zuzusehen.

Die Stiftung für die Rechte zukünftiger Generationen (SRzG) hat in diesem Zusammenhang mit der sogenannten »Teilungslösung« einen diskussionswürdigen Vorschlag ins Spiel gebracht.[3] Sie plädiert dafür, in jedem Kalenderjahr zunächst die Höhe der Finanzierungslücke in den Rentenkassen zu ermitteln, die sich aus der Summe der Beitragseinzahlungen und der Summe der regulären Rentenauszahlungen ergibt. Aus der Rechnung ausgeschlossen würden somit jene Sonderaufgaben, die der Bund der Rentenversicherung übertragen hat und für die er eigene Steuermittel zur Verfügung stellt. Die Finanzierungslücke ist umso größer, je stärker die Summe der ausgezahlten Renten die Summe der eingezahlten Beiträge übersteigt.

Die SRzG schlägt nun vor, Rentner und Beitragszahler anteilig in die Pflicht zu nehmen, um die Finanzierungslücke zu schließen. Dabei soll die Größe der beiden Gruppen die Höhe der Anteile bestimmen. Kommen zum Beispiel insgesamt auf drei Beitragszahlende zwei Rentner, wird die Finanzierungslücke zu 60 Prozent über eine Erhöhung der Beiträge und zu 40 Prozent über eine Rentenkürzung geschlossen.

Was ist hier aber genau unter einer Renten*kürzung* zu verstehen?[4] Geht es der Wirtschaft gut und steigen die Löhne, steigen in der Folge auch die Renten. Schließlich gilt der bereits erläuterte Grundsatz, die Entwicklung der Renten an die Entwicklung der Löhne zu koppeln. Weist die Rentenkasse Lücken auf, wäre in solchen guten Jahren unter »Rentenkürzung« eine Kürzung der Renten*erhöhung* zu verstehen. Die Renten würden weiterhin steigen, jedoch würden sie langsamer steigen, um die Finanzierungslücke zu schließen.

Was aber, wenn es der Wirtschaft nicht gut geht und die Löhne stagnieren oder sinken? Die SRzG weist diesbezüglich darauf hin, dass eine »echte« Rentenkürzung durch die gesetzlich festgeschriebene Rentengarantie ohnehin ausgeschlossen ist.[5] Das gilt in der Tat. Warum aber *sollte* das gelten? Die Kopplung der Renten an die Löhne dient dem Ziel, alle fair und gleich zu behandeln. Rentnerinnen und Rentner sollen ihren gerechten Anteil am Wohlstandszuwachs der Gesamtgesellschaft erhalten. Fair ist dieser Grundsatz aber nur dann, wenn er in guten wie in schlechten Zeiten gilt. Der Ansatz, die Pflichten zu teilen, muss daher konsequent umgesetzt werden. Das bedeutet, dass Lücken in den Rentenkassen in schlechten Jahren eben *auch* durch »echte« Rentenkürzungen geschlossen werden sollen.

Die Teilungslösung ist ein bescheidener Versuch, den Grundgedanken eines gerechten Rentenvertrags angesichts steigender Finanzierungsprobleme zu erneuern. Sie beseitigt längst nicht alle Probleme. Sie würde aber verhindern, dass neu entstehende Finanzlücken einseitig zu Lasten der Jüngeren geschlossen werden. Für eine Politik, die Gerechtigkeit zwischen den Generationen als Ziel anerkennt, sollte es sich von selbst verstehen, dass die Älteren ihren starken Beitrag dazu leisten müssen, den Konflikt um die Rente nicht noch weiter zu verschärfen.

In der Rentenpolitik geht es nicht nur um das Verhältnis zwischen Älteren und Jüngeren, sondern auch um das Verhältnis zwischen Jüngeren und Ungeborenen. Selbstverständlich stehen auch die gegenwärtig Jüngeren in der Pflicht, den Rentenvertrag mit den nachkommenden Generationen fair auszugestalten. Kommen sie dieser Pflicht nach, werden sie ihrerseits ihre Forderungen gegenüber den Älteren noch überzeugender und mit größerem Nachdruck vertreten können. Um auch für dieses Problem zumindest ein wichtiges Beispiel zu nennen: Da die Jüngeren von heute im Durchschnitt deutlich länger leben werden, muss der Zeitpunkt, ab dem sie Rente erhalten, angepasst werden. Eine gerechte Lösung könnte eine Art Automatismus bieten. Ist dieser erst einmal etabliert, kann er dauerhaften politischen Konflikten um die Rente entgegenwirken. Es könnte gesetzlich festgeschrieben werden, dass mit jedem Jahr hinzugewonnener Lebenserwartung automatisch das reguläre Renteneintrittsalter oder die Anzahl der für eine volle Rente notwendigen Beitragsjahre steigt.[6] Das Verhältnis zwischen beiden Größen muss dabei nicht zwingend bei eins zu eins liegen. So wäre es durchaus vorstellbar, dass für jedes Jahr hinzugewonnener Lebenserwartung das Renteneintrittsalter automatisch um sechs, acht oder neun Monate angehoben wird. Unabhängig von solchen Details bleibt festzuhalten: Ein Lastenausgleich zwischen den Generationen muss die Interessen *aller* Generationen im Blick haben. Er würde seinerseits ungerecht, wenn er die Jüngeren etwa gegenüber den Ungeborenen bevorzugen wollte.

Die Beispiele aus der Klima- und der Rentenpolitik haben gezeigt, dass die bestehenden Ungerechtigkeiten zwischen den Generationen durch Politik aktiv entschärft werden können. Die Verhältnisse zwischen den Generationen sind politisch gestaltbar. Um das Ziel einer nachhaltigen Neuordnung der Beziehungen zwischen den Generationen zu erreichen, müssten zu den genannten Vorschlägen viele weitere Maßnahmen in sehr verschiedenen Politikfeldern hinzukommen:

Mit Blick auf die Haushaltspolitik könnte etwa überlegt werden, die im Grundgesetz verankerte Schuldenbremse um eine verbindliche Investitionsquote zu ergänzen. Auf diese Weise könnte sichergestellt werden, dass jede Zeit und jede Generation ihren fairen Beitrag dazu leistet, vorhandene Infrastrukturen zu erneuern und in anstehende Projekte zu investieren. So würde zugleich eine Politik verhindert, die die Schuldenbremse nur einhalten kann, indem sie notwendige Investitionen großflächig verschleppt. Eine festgeschriebene Schuldenbremse und eine verbindliche Investitionsquote könnten zu einander ergänzenden Instrumenten einer generationengerechten Finanzpolitik werden.

Um das Bild vom Bauernhof noch einmal aufzugreifen: Es kommt nicht nur darauf an, dass die Altbauern immer wieder investieren, sondern vor allem darauf, dass sie dafür in angemessenem Umfang eigene Mittel nutzen und nicht alle ihre Investitionen ausschließlich über Kredite finanzieren.

Die kommenden Jahre werden zeigen, ob die gesellschaftliche und politische Bereitschaft wächst, die materielle Ungerechtigkeit zwischen den Generationen und damit den Kern des Konflikts offen zu benennen und politisch zu bearbeiten. Eine Neuordnung der Verhältnisse wird sicher nicht über Nacht zu erreichen sein. Doch das Leitbild eines neuen Lastenausgleichs ist dazu geeignet, sehr verschiedene politische Maßnahmen unter einer übergeordneten Zielsetzung zusammenzuführen. Im besten Fall kann so ein wirklicher Neubeginn in den Beziehungen zwischen den Generationen ermöglicht werden. Auch können neue politische Erzählungen an das Leitbild des Lastenausgleichs zwischen Älteren und Jüngeren anknüpfen. Auf solche Erzählungen kommt es an, wenn Politik vermittelt und eine Mehrheit gewonnen werden soll.

Wo die Idee eines neuen Lastenausgleichs auf scharfen Widerspruch stoßen sollte, würde sie immerhin einen wichtigen Zweck erfüllen: Sie würde die Aufmerksamkeit auf den Konflikt zwischen den Generationen lenken und zu einer politischen Debatte einladen, die dringend geführt werden muss. Denn baldiges Handeln ist unabdinglich. Andernfalls wird sich der Konflikt weiter vertiefen und mit zunehmender Dauer immer weiter verschärfen.

Zum Abschluss: Einen Streit anfangen

»Wir führen Krieg gegen unsere Kinder. Und wir gewinnen ihn.« Mit diesem wenig Optimismus ausstrahlenden Satz beschrieb Laurence J. Kotlikoff, prominenter US-Politökonom und Babyboomer, 2014 den Zustand der Generationenverhältnisse.[1] Man kann dies für eine übertriebene Zuspitzung halten. Man kann sich aber auch fragen: Was ist seitdem geschehen?

Verbessert hat sich die Lage jedenfalls nicht. Während die Jüngeren, wie eingangs angeführt, ihr Vertrauen in die Zukunft mehr und mehr verlieren, lassen klimaschutzpolitische Durchbrüche weiter auf sich warten. Im Gefolge der Pandemie explodieren die Staatsschulden. Im Rentensystem bleibt alles beim Alten. Auf dem Lande grüßt täglich das Funkloch.

Die Jüngeren können aus alldem eigentlich nur eine Schlussfolgerung ziehen: Es grenzt an Realitätsverweigerung, ernsthaft zu glauben, dass die Älteren und die von ihnen betriebene oder unterstützte Politik von sich aus den Konflikt zwischen den Generationen angehen werden. Vielmehr steht zu befürchten, dass sie mehrheitlich nichts tun und weiter auf Zeit spielen werden – wohl wissend, dass die Zeit auf ihrer Seite ist. Den Jüngeren bleibt also keine Wahl, als die Dinge selbst in die Hand zu nehmen. Sie müssen den Streit suchen, ob am Küchentisch oder im Parlament. Sie dürfen sich nicht scheuen, ihren Frust über die offen gebliebenen Rechnungen der Älteren hinaus auf die Plätze der Republik zu tragen. Das bedeutet auch, dass die Jüngeren politischer werden müssen, so sehr das auch stressen und so viel Zeit das auch kosten mag. Ihre einzige Chance, den Konflikt zwischen den Generationen fair zu lösen, ist eine politische Chance. Sollten sie diesen Weg nicht einschlagen, hätten sie ihre Niederlage auch selbst mitzuverantworten.

Dabei müssen sich die Jüngeren eines vor Augen führen: Politisch sind viele der Älteren mit allen Wassern gewaschen. Sie sind nicht nur Kinder der deutlich stärker polarisierten Welt des kalten Krieges mit ihren klar konturierten politischen Alternativen. Viele der Älteren wissen vielmehr aus eigenem Erleben, was es heißt, die eigenen Eltern und Großeltern politisch bis aufs Äußerste herauszufordern. Viele der Älteren haben in ihren jungen Jahren aktiv den Streit gesucht und vorhandene Konflikte mit Leidenschaft ausgetragen. Sie haben die Erfahrung gemacht, dass Veränderung aktiv eingefordert werden muss. Sie werden sich daher kaum von vor sich hin grummelnden Jüngeren beeindrucken lassen, die ihren Frust ins Privatleben verlegen und die direkte Konfrontation meiden.

In diesen politischen Erfahrungen der Älteren kann für die Jüngeren aber auch eine Chance liegen. Wo die Jüngeren den Konflikt zwischen den Generationen selbstbewusst auf die politische Bühne tragen, werden sich sicher viele Ältere an die Auseinandersetzungen ihrer Jugend erinnern. Das kann Verständnis befördern. Das kann aber auch zu Unbehagen führen. Haben sie, die Älteren, sich nicht einmal im Streit mit ihren eigenen Eltern vorgenommen, die Dinge besser zu machen? Was ist davon geblieben? Wie werden sie jetzt selbst von den Jüngeren, von ihren Kindern und Enkeln wahrgenommen?

Nicht verschwiegen werden darf, dass auch die Älteren viel zu verlieren haben. Dabei geht es weniger um Materielles, aber umso mehr um kulturelle und gesellschaftliche Anerkennung, um die Akzeptanz von Selbstbildern, um Achtung und ihr Gegenteil. Wo die Jüngeren den Konflikt zwischen den Generationen zum Thema machen, sehen sich die Älteren mit einer Sichtweise ihrer selbst politisch konfrontiert, die ihnen nicht gefallen kann: Sind sie wirklich diese rücksichtslosen Generationen mit dem größten aller CO_2-Fußabdrücke? Sind sie diejenigen, die in ihrer grenzenlosen Konsumfreude den Planeten und nebenbei die Rentenkassen und den Staatshaushalt in schwere Bedrängnis gebracht haben? Waren das wirklich sie, die es in den Jahrzehnten ihres größten politischen Einflusses verschlafen haben, die Gesellschaft angemessen auf die großen Aufgaben der Zeit vorzubereiten, von der Digitalisierung bis hin zur Migration? Waren das alles wirklich sie, die sich doch sonst gern und nicht ohne Grund ihrer Fähigkeit zum kritischen Denken rühmten? Gesicherter Wohlstand allein bringt wenig Freude, wenn die Älteren zugleich beständig mit dem schlechten Bild konfrontiert würden, das sich die nachrückenden Generationen von ihnen gemacht haben.

Mit ihrem Selbstbild und ihrer Sicht auf die Welt steht also auch für die Älteren im Konflikt zwischen den Generationen einiges auf dem Spiel. Dies ist ein Grund mehr, sich dem inneren Harmoniestreben zu widersetzen, den Streit zu suchen, um zu einer Lösung des Konflikts und neuer Einigkeit zu finden. Es versteht sich dabei von selbst, dass der Streit zwischen den Generationen produktiv bleiben muss. Blanke Wut, die politisch ideenlos bleibt, hilft niemandem. Die Generationen der Gesellschaft gleichen hier den Generationen einer Familie. Wo Spannungen schwelen, wo jedes Gespräch am Küchentisch von unterdrücktem Ärger begleitet ist, kann kein lebenswertes Miteinander gelingen. Konflikte gehören auf den Tisch. Bricht der Konflikt dann offen aus, werden umsichtige Familienmitglieder eines bedenken: Sie wollen am Ende des Streits wieder gut miteinander auskommen. Das verlangt von allen Seiten, einander auch dann voller Respekt zu begegnen, wenn es inhaltlich ans Eingemachte geht. Die hier eingeforderte offene Kontroverse zwischen den Generationen ist also kein Selbstzweck. Sie dient dem klaren Ziel, die Beziehungen zwischen Älteren und Jüngeren neu zu ordnen und bestehende Ungerechtigkeiten zu beseitigen.

Konflikte werden durch überzeugende Lösungen beendet, die alle akzeptieren und mit denen alle leben können. Wo solche Lösungen fehlen, ist der Aufruf zum Zusammenhalt ebenso fehl am Platz wie die Warnung vor Spaltungen und vor der Austragung eines Konflikts, dessen Existenz nicht länger geleugnet werden kann. Der Schulterschluss zwischen den Generationen muss warten. Jetzt ist es an der Zeit zu streiten.

Anmerkungen

Sorglose Jugendzeit – voller Zukunftsangst

1   Vgl. Caroline Hickman [u. a.], *Young People's Voices on Climate Anxie-ty, Government Betrayal and Moral Injury: A Global Phenomenon,* Preprint-Version 2021, online: https://papers.ssrn.com/sol3/papers. cfm?abstract_id=3918955 (Abruf 4. 1. 2022).

2   Vgl. Frank Specht, »Wohlstandskluft zwischen Jung und Alt? Die junge Generation verliert das Vertrauen in die Rente«, in: *Handelsblatt,* 2. 8. 2021, online: https://www.handelsblatt.com/politik/deutschland/ altersversorgung-wohlstandskluft-zwischen-jung-und-alt-die-junge-generation-verliert-das-vertrauen-in-die-rente/27475796.html (Abruf 4. 1. 2022).

3   *Apologie* (24b): Platon 1973, S. 21.

4   Arnd Pollmann, »Zoomer gegen Boomer«, in: *taz,* 22. 9. 2021, online: https://taz.de/Jung-und-alt-im-Wahlkampf/!5797878/ (Abruf 4. 1. 2022).

5   Zusammengestellt und gerundet nach Angaben das Statistischen Bundesamtes, online: https://www-genesis.destatis.de/genesis/ online, Unterpunkt 12411: »Fortschreibung des Bevölkerungsstands« (Abruf 4. 1. 2022).

6   Gründiger 2016, S. 17.

7   Ebd., S. 174, 176.

8   Neubauer/Ulrich 2021, S. 207.

9   Ebd., S. 232.

10   Ebd., S. 162.

11   Ebd., S. 163.

12   Ebd., S. 165.

13   Peter Dabrock, »Is mir egal, ich hinterlass das jetzt so«, in: *Die Zeit,* 6. 9. 2021, online: https://www.zeit.de/gesellschaft/2021-09/politik-junge-menschen-alte-mehrheit-demokratie-macht/komplettansicht (Abruf 4. 1. 2022).

14   Ebd.

15   Neubauer/Ulrich 2021, S. 159.

16   »NABU-Umfrage zum Klimaschutz: Interessen der jungen Generation werden bei der Wahl ignoriert«, Pressemitteilung des NABU, 2. 9. 2021, online: https://www.nabu.de/modules/presseservice/index.php?p opup=true&db=presseservice&show=32482 (Abruf 4. 1. 2022).

17   Sustala 2020.

18   Gründiger 2016.

19   Ebeling 2021.

20   In den letzten Jahren und Jahrzehnten sind entsprechende Theorien entworfen und diskutiert worden. Vgl. Tremmel 2012, die Beiträge in Gosseries/Meyer 2009 sowie als Einführung Meyer 2021.

21   Für eine Einführung in die zukunftsethischen Diskussionen s. Meyer 2018.

22   Vgl. Müller-Salo 2020 zur Kritik zentraler Begriffe des Klimadiskurses – Klimanotstand, Klimaapokalypse, Schöpfung, natürliches Erbe etc. –, bei denen sich in aller Deutlichkeit die Herausforderungen und Probleme des sprachlichen Framings von Politik und gesellschaftlichen Debatten zeigen.

1 Epizentrum Klima

1   Für eine anschauliche und überzeugende philosophische Verteidigung der Pflicht, überhaupt etwas gegen den Klimawandel unternehmen und ihn in engen Grenzen halten zu müssen, s. Roser/Seidel [2]2015, S. 13–42.

2   Vgl. zu Problemen und Chancen von Substitution Grunwald/Kopfmüller [2]2012, S. 65–68, sowie ausführlicher Ott/Döring [3]2011, Kap. 3.2 und 4.

3   Göpel 2020, S. 122.

4   Vgl. durchaus kritisch zum Prinzip Roser/Seidel [2]2015, S. 93–101; eher zustimmend Birnbacher 2016, S. 113–122.

5   Biedenkopf 2006.

6   McKinsey-Studie, *Net-Zero Deutschland*, 10.9.2021, online: https://www.mckinsey.de/news/presse/studie-net-zero-deutschland-klimaneutralitaet-chancen-herausforderungen (Abruf 4.1.2022). Der Großteil der Summe wird der Studie zufolge für die klimaverträgliche Erneuerung des Bestehenden (wie etwa Gebäude- und Infrastrukturen) benötigt werden.

7   *An die Nachgeborenen*, Brecht 2002, S. 255.

8   Kant 1912 (AA VIII), S. 20, Z. 8–20.

9   Gates 2021, S. 249. Dort findet sich auch die im nächsten Satz (gekürzt) zitierte Liste.

10   Jonas 1984, S. 7, 36.

11 Ebd., S. 392.

12 Z. B. ebd., S. 253.

13 Vgl. dazu Müller-Salo/Pritzl 2021.

14 *Fridays for Future*, FAQs, Abschn. »CO₂-Steuer«, online: https://fridaysforfuture.de/forderungen/faq/ (Abruf 4. 1. 2022).

15 Vgl. z. B. den Beitrag von Ellen Gerdes, »Der CO₂-Preis und warum er wieder nur ein Tropfen auf den heißen Klimastein ist …«, 5. 2. 2021, online: https://extinctionrebellion.de/blog/der-co%E2%82%82-preis-und-warum-er-wieder-nur-ein-tropfen-auf-den-hei%C3%9Fen-klimastein-ist/ (Abruf 4. 1. 2022).

2 Nehmen und Geben: Rente, Schulden, Wohnen

1 »Bundeszuschüsse zur gesetzlichen Rentenversicherung in Deutschland in den Jahren von 1950 bis 2020«, Angaben nach Daten des Statistischen Bundesamtes, online: https://de.statista.com/statistik/daten/studie/7031/umfrage/bundeszuschuesse-an-die-rentenversicherung-seit-1950/ (Abruf 4. 1. 2022).

2 Vgl. die Darstellung des Instituts für Arbeit und Qualifikation der Universität Duisburg-Essen, »Ausgaben für Soziale Sicherung, Familie, Arbeitsmarkt im Bundeshaushalt 2020«, online: https://www.sozialpolitik-aktuell.de/files/sozialpolitik-aktuell/_Politikfelder/Finanzierung/Datensammlung/PDF-Dateien/abbII13b.pdf (Abruf 4. 1. 2022).

3 Norbert Blüm, »Die Jungen müssen mehr bezahlen«, Transkription eines Interviewausschnitts von *Berlin direkt*, ZDF, 27. 11. 2016, online: https://www.zdf.de/politik/berlin-direkt/bluem-junge-muessen-mehr-zahlen-100.html (Abruf 4. 1. 2022).

4 Bundesministerium für Arbeit und Soziales, *Sozialbericht 2021*, S. 281, online: https://www.bmas.de/SharedDocs/Downloads/DE/Publikationen/a101-21-sozialbericht-2021.pdf?__blob=publicationFile&v=2 (Abruf 4. 1. 2022).

5 Jefferson 1975, S. 445 (Übers. J. M.-S.).

6 Ebd. (Übers. J. M.-S.).

7 Graeber 2014, S. 16.

8 Jefferson 1975, S. 446 (Übers. J. M.-S.).

9 Ebd., S. 445 (Übers. J. M.-S.).

10 Madison 1987, S. 70 (Übers. J. M.-S.).

11   Ebd. (Übers. J. M.-S.).

12   Angaben nach *Statista*: J. Rudnicka, »Staatsverschuldung von Deutschland von 1950 bis 2020«, 17. 8. 2021, online: https://de.statista. com/statistik/daten/studie/154798/umfrage/deutsche-staatsver schuldung-seit-2003/#professional (Abruf 4. 1. 2022).

13   Angaben nach *Statista*: Matthias Janson, »Immer weniger Sozialwohnungen in Deutschland«, 11. 2. 2021, online: https://de.statista. com/ infografik/12473/immer-weniger-sozialwohnungen-in-deutsch land/ (Abruf 4. 1. 2022).

14   Vgl. *Statista*: »Wohneigentumsquote in ausgewählten europäischen Ländern im Jahr 2020«, 15. 12. 2021, online: https://de.statista.com/ statistik/daten/studie/155734/umfrage/wohneigentumsquoten-in-europa/ (Abruf 4. 1. 2022).

15   Detaillierte Zahlen bei Sustala 2020, S. 83 f.

16   Vgl. statt vieler nur Rawls 1975, S. 121.

17   Dazu ausführlicher und mit Hinweisen auf weiterführende Literatur aus den verschiedenen moralphilosophischen Traditionen Müller-Salo 2021, S. 155 ff.

3 Kulturelle Koordinaten: Bildung und Migration

1   Walzer 2006, S. 289.

2   Zur Erläuterung des Konzepts vgl. Meyer 2018, S. 147 f.

3   Vgl. die Angaben des Statistischen Bundesamtes, *Datenreport 2021*, Kap. 3: »Bildung«, S. 108, online: https://www.destatis.de/DE/ Service/Statistik-Campus/Datenreport/Downloads/datenreport-2021-kap-3.pdf;jsessionid=BBC2AB6023D56B84ECAD5DEADA6B8 BAA. live741?__blob=publicationFile (Abruf 5. 1. 2022).

4   Walzer 2006, S. 288.

5   Vgl. Ebeling 2021, S. 79 f., die mit Recht darauf aufmerksam macht, dass finanziell-ökonomische Aufklärung in der Schule ein wichtiges Element von Chancengerechtigkeit ist.

6   Vgl. allgemein zu den in diesem Kapitel diskutierten bildungspolitischen Fragen Meyer 2011, bes. Kap. 2, 4, 6.1 und 6.2.

7   Zur Bedeutung dieses Gedankens für das politische Denken von Platon, Aristoteles und Cicero vgl. Müller-Salo 2021, S. 63–74; dort zahlreiche Textnachweise.

8   Z. B. Rawls 1998, S. 148, 229 f.

9   Vgl. Yaşar Aydın, *Heimat Almanya*, 25. 5. 2018, online: https://www. bpb.de/internationales/europa/tuerkei/253189/heimat-almanya (Abruf 5. 1. 2022).

10   Frisch 1967, S. 100–102.

11   Vgl. Müller 2010 für eine ideengeschichtliche Rekonstruktion der Verfassungspatriotismus-Debatte.

12   Carens 2019, S. 44.

13   Studie des Instituts der Deutschen Wirtschaft vom 11. 10. 2020: Wido Geis-Thöne, »Kinderbetreuung: Über 340 000 Plätze für unter Dreijährige fehlen«, online: https://www.iwkoeln.de/studien/wido-geis-thoene-ueber-340000-plaetze-fuer-unter-dreijaehrige-fehlen-486465.html (Abruf 4. 1. 2022).

4 Die Verfassung als gestaltbares Projekt

1   Arendt 2002, S. 69.

2   Ebd., S. 238.

3   Otsuka 2003, S. 133 (Übers. J. M-S.).

4   Paine 1984, S. 41 f. (Übers. J. M-S.).

5   Bennett Institute for Public Policy, *Youth and Satisfaction with Democracy*, Oktober 2020, bes. S. 15–18, online: https://www. cam.ac.uk/system/files/youth_and_satisfaction_with_democracy. pdf (Abruf 5. 1. 2022).

6   Popper 2003, S. 208.

7   Vgl. zu den politikphilosophischen Hintergründen und praktischen Konsequenzen der hier erläuterten Probleme der Etablierung einer generationengerechten politischen Ordnung Müller-Salo 2021, bes. Kap. 6, 9.

8   Zitiert wird die neue Fassung von Art. 146 GG vom 29. 9. 1990.

9   Herdegen 2012, Rn. 3.

10   Isensee 1992, S. 61.

5 Das pandemische Brennglas

1   Mitteilung des DGB, »Rentengarantie und Nachholfaktor: Das Märchen vom Generationenkonflikt«, 21. 5. 2021, online: https://www. dgb.de/uber-uns/dgb-heute/sozialpolitik/++co++cod5cc8c-ba13-11eb-a5a5-001a4a160123 (Abruf 5. 1. 2022).

2 »Generationenkonflikt Corona? Von wegen!«, in: *Die Welt*, 5.1.2021, online: https://www.welt.de/debatte/kommentare/article223766 418/Nach-der-Pandemie-Generationenkonflikt-Corona-Von-wegen.html (Abruf 5.1.2022).

3 Johannes Pennekamp, »Die Jungen brauchen kein Mitleid«, in: F.A.Z., 11.5.2021, online: https://www.faz.net/aktuell/wirtschaft/genera tionenkonflikt-die-jungen-brauchen-kein-mitleid-17336939.html (Abruf 5.1.2022).

4 Ebd.

5 Siehe dazu mit aufschlussreichen Beispielen Ebeling 2021, S. 26 ff.

6 Vgl. den Koalitionsvertrag »Mehr Fortschritt wagen. Bündnis für Freiheit, Gerechtigkeit und Nachhaltigkeit«, S. 73, online: https://www. spd.de/fileadmin/Dokumente/Koalitionsvertrag/Koalitionsver trag_2021-2025.pdf (Abruf 5.1.2022).

6 Was liegen blieb: Eine Zwischenbilanz

1 Das gilt etwa für Sustala 2020 (vgl. ebd. in Bezug auf das Folgende stützende Überlegungen).

2 Frédéric Schwilden, »Der Präsident der Generation Selbstmitleid«, in: *Die Welt*, 21.1.2021, online: https://www.welt.de/debatte/kommen tare/plus224778529/Warum-Trump-der-Praesident-ist-den-Millen nials-verdienen.html (Abruf 5.1.2022).

3 Vgl. Kant 2019, S. 52 (AA IV, S. 421).

4 Mill 2006, S. 185.

5 Neubauer/Ulrich 2021, S. 207.

6 Arnd Pollmann, *Zoomer gegen Boomer*, in: *taz*, 22.9.2021, online: https://taz.de/Jung-und-alt-im-Wahlkampf/!5797878/ (Abruf 5.1.2022).

7 Auf das Private kommt es an: Konfliktzone Küchentisch

1 Vgl. dazu Kingdon ²2011, etwa S. 3 f.

8 Der Gang durch die Institutionen

1 BVerfG, Beschluss des Ersten Senats vom 24. März 2021, Abs. 182 f., online: https://www.bundesverfassungsgericht.de/SharedDocs/ Entscheidungen/DE/2021/03/rs20210324_1bvr265618.html (Abruf 5. 1. 2022).

2 Zit. nach Corinna Budras / Heike Göbel, »Der Staat muss der Jugend ihre Freiheit lassen«, in: F.A.Z., 23. 9. 2021, online: https://www.faz. net/aktuell/wirtschaft/klima-beschluss-bedeutung-fuer-rente-und-schulden-17549826.html (Abruf 5. 1. 2022). Einen Einstieg in die rechtswissenschaftlichen Debatten, die der Klimabeschluss des BVerfG nicht zuletzt im Hinblick auf mögliche Konsequenzen für andere Politikfelder in Gang gesetzt hat, bieten die Beiträge des *Verfassungsblogs*, online: https://verfassungsblog.de/category/debates/der-klima beschluss-des-bverfg/ (Abruf 5. 1. 2022).

3 Vgl. Sustala 2020, S. 58 f., mit weiteren Nachweisen.

4 Vgl. für diese und eine Vielzahl weiterer Vorschläge Tremmel 2014 sowie die Beiträge in Gesang 2014 und in González-Ricoy/Gosseries 2016.

5 Dazu eindrücklich Bogner 2021.

9 Am Ende geht es ums Geld: Für einen neuen Lastenausgleich

1 Pressemitteilung des BMF, »Vorläufiger Haushaltsabschluss 2019 - Solide gewirtschaftet – Rekordsummen investiert«, 13. 1. 2020, online: https://www.bundesfinanzministerium.de/Content/DE/Presse mitteilungen/Finanzpolitik/2020/01/2020-01-13-PM01-Abschluss-BHH2019.html (Abruf 5. 1. 2022).

2 Vgl. zu den Hintergründen und Entstehungsprozessen des Lastenausgleichsgesetzes von 1952 Wenzel 2008.

3 Vgl. zum Folgenden das Positionspapier »Rente und Pensionen« der Stiftung für die Rechte zukünftiger Generationen (SRzG) vom Dezember 2020, bes. 7 ff., online: https://generationengerechtigkeit. info/wp-content/uploads/2020/12/SRzG-PP_Rente-und-Pensionen-Dez-2020.pdf (Abruf 5. 1. 2022).

4 Vgl. dazu S. 111 f., zum »Nachholfaktor« in der gesetzlichen Rentenversicherung.

5 SRzG »Rente und Pensionen« (s. Anm. 3), S. 8.

6 Vgl. entsprechende Vorschläge des Rentenökonomen Axel Börsch-
   Supan, dazu etwa Cornelia Schmergal, »Er hat die Formel für eine ge-
   rechtere Rente – doch kein Politiker will sie hören«, in: *Der Spiegel*,
   24. 9. 2021, online: https://www.spiegel.de/wirtschaft/soziales/axel-
   boersch-supan-oekonom-hat-die-formel-fuer-die-gerechte-rente-
   doch-keiner-will-sie-hoeren-a-3e9b7771-9766-4d46-adf6-0027a41ff
   b20 (Abruf 5. 1. 2022).

Zum Abschluss: Einen Streit anfangen

1 Auf dem St. Gallener Symposium, 8. 5. 2014, hier zit. nach: https://
   www.unisg.ch/de/wissen/newsroom/aktuell/rssnews/veranstal
   tungen/2014/mai/symposium-kotlikoff-8mai2014 (Abruf 5. 1. 2022,
   Übers. J. M.-S.).

Literaturhinweise

Aufgenommen sind lediglich gedruckte Quellen. Digitale Quellen werden mit vollständigen Angaben direkt in den Anmerkungen belegt.

Arendt, Hannah: Vita activa oder Vom tätigen Leben. München 2002.

Biedenkopf, Kurt: Die Ausbeutung der Enkel. Plädoyer für die Rückkehr zur Vernunft. Berlin 2006.

Birnbacher, Dieter: Klimaethik. Nach uns die Sintflut? Stuttgart 2016.

Bogner, Alexander: Die Epistemisierung des Politischen. Wie die Macht des Wissens die Demokratie gefährdet. Stuttgart 2021.

Brecht, Bertolt: Hundert Gedichte. Berlin 2002.

Carens, Joseph: Fremde und Bürger. Weshalb Grenzen offen sein sollten. Übers. und hrsg. von Andreas Cassee. Stuttgart 2019.

Ebeling, Ronja: Jung, besorgt, abhängig. Eine Generation in der Krise. Hamburg 2021.

Frisch, Max: Überfremdung I. In: M. F.: Öffentlichkeit als Partner. Frankfurt a. M. 1967. S. 100–104.

Gates, Bill: Wie wir die Klimakatastrophe verhindern. Welche Lösungen es gibt und welche Fortschritte nötig sind. Übers. von Karsten Petersen und Hans-Peter Remmler. München 2021.

Gesang, Bernward (Hrsg.): Kann Demokratie Nachhaltigkeit? Wiesbaden 2014.

González-Ricoy, Iñigo / Gosseries, Axel (Hrsg.): Institutions for Future Generations. Oxford 2016.

Gosseries, Axel / Meyer, Lukas H. (Hrsg.): Intergenerational Justice. Oxford 2009.

Göpel, Maja: Unsere Welt neu denken. Eine Einladung. Berlin 2020.

Graeber, David: Schulden. Die ersten 5000 Jahre. München 2014.

Gründinger, Wolfgang: Alte-Säcke-Politik. Wie wir unsere Zukunft verspielen. Gütersloh 2016.

Grunwald, Armin / Kopfmüller, Jürgen: Nachhaltigkeit. Eine Einführung. Frankfurt a. M. / New York ²2012.

Herdegen, Matthias: Kommentar zu Art. 146 GG. In: Theodor Maunz / Günter Dürig [u. a.] (Hrsg.): Grundgesetz. Kommentar. München 2012. Rn. 1–60.

Isensee, Josef: Braucht Deutschland eine neue Verfassung? Überlegungen zur neuen Schlußbestimmung des Grundgesetzes, Art. 146. Köln 1992.

Jefferson, Thomas: Letter to James Madison, September 6, 1789. In: Merrill

D. Peterson (Hrsg.): The Portable Thomas Jefferson. New York 1975. S. 444–451.

Jonas, Hans: Das Prinzip Verantwortung. Versuch einer Ethik für die technologische Zivilisation [urspr. 1979]. Frankfurt a. M. 1984.

Kant, Immanuel: Idee zu einer allgemeinen Geschichte in weltbürgerlicher Absicht. In: I. K.: Gesammelte Schriften. Hrsg. von der Königlich-Preußischen Akademie der Wissenschaften (Akademie-Ausg.), Bd. VIII. Berlin 1912. S. 15–31.

– Grundlegung zur Metaphysik der Sitten. Hrsg. von Theodor Valentiner. Stuttgart 2019.

Kingdon, John W.: Agendas, Alternatives, and Public Policies. Boston [u. a.] ²2011.

Madison, James: James Madison to Thomas Jefferson, February 4, 1790. In: Philip B. Kurland / Ralph Lerner (Hrsg.): The Founder's Constitution. Bd. 1: Major Themes. Chicago 1987. S. 70 f.

Meyer, Kirsten: Bildung. Berlin/Boston 2011.

– Was schulden wir künftigen Generationen? Herausforderung Zukunftsethik. Stuttgart 2018.

Meyer, Lukas H.: Intergenerational Justice. In: Edward N. Zalta (Hrsg.): The Stanford Encyclopedia of Philosophy (Summer 2021 Edition). Online: https://plato.stanford.edu/archives/sum2021/entries/justice-intergenerational/

Mill, John Stuart: Utilitarianism. Der Utilitarismus. Übers. und hrsg. von Dieter Birnbacher. Stuttgart 2006.

Müller, Jan-Werner: Verfassungspatriotismus. Frankfurt a. M. 2010.

Müller-Salo, Johannes: Klima, Sprache und Moral. Eine philosophische Kritik. Stuttgart 2020.

– Diachrone Legitimität. Die Beständigkeit politischer Ordnungen als Herausforderung der Demokratie. Frankfurt a. M. / New York 2021.

– / Pritzl, Rupert: Gerechtigkeit und Effizienz in der Klimapolitik. Zentrale Aspekte der gesellschaftlichen Akzeptanz der Energiewende. In: Wirtschaftsdienst. Zeitschrift für Wirtschaftspolitik 101 (2021) Nr. 12. S. 971–976.

Neubauer, Luisa / Ulrich, Bernd: Noch haben wir die Wahl. Ein Gespräch über Freiheit, Ökologie und den Konflikt der Generationen. Stuttgart 2021.

Otsuka, Michael: Libertarianism without Inequality. Oxford 2003.

Ott, Konrad / Döring, Ralf: Theorie und Praxis starker Nachhaltigkeit. Marburg ³2011.

Paine, Thomas: The Rights of Man. Einl. von Eric Froner. New York 1984.

Platon: Werke. Bd. II. Übers. von Friedrich Schleiermacher. Bearb. von Heinz Hofmann. Hrsg. von Gunther Eigler. Darmstadt 1973.

Popper, Karl R.: Alles Leben ist Problemlösen. Über Erkenntnis, Geschichte und Politik. München 2003.

Rawls, John: Eine Theorie der Gerechtigkeit. Übers. von Hermann Vetter. Frankfurt a. M. 1975.

– Politischer Liberalismus. Übers. von Wilfried Hinsch. Frankfurt a. M. 1998.

Roser, Dominic / Seidel, Christian: Ethik des Klimawandels. Eine Einführung. Darmstadt ²2015.

Sustala, Lukas: Zu spät zur Party. Warum eine ganze Generation den Anschluss verpasst. Salzburg/München 2020.

Tremmel, Jörg C.: Eine Theorie der Generationengerechtigkeit. Münster 2012.

– Parlamente und künftige Generationen – das 4-Gewalten-Modell. In: Aus Politik und Zeitgeschichte 64 (2014) Nr. 38/39. S. 38–45.

Walzer, Michael: Sphären der Gerechtigkeit. Ein Plädoyer für Pluralität und Gleichheit. Übers. von Hanne Herkommer. Frankfurt a. M. / New York 2006.

Wenzel, Rüdiger: Die große Verschiebung? Das Ringen um den Lastenausgleich im Nachkriegsdeutschland von den ersten Vorarbeiten bis zur Verabschiedung des Gesetzes 1952. Stuttgart 2008.

Dank

Bei der Ausarbeitung der in diesem Buch versammelten Argumente und Gedanken habe ich von zahlreichen Gesprächen mit Kollegen und Studierenden, Freunden und Verwandten profitiert. Dabei ging es häufiger um den Alltag als um die Gerechtigkeit oder gar die Philosophie. Viele kleine Diskussionen zwischen Tür und Angel und nicht zuletzt am Küchentisch haben mich in meiner Überzeugung bestärkt, Gerechtigkeit zwischen den Generationen als Querschnittsaufgabe zu begreifen. Sie betrifft uns nicht nur alle, sondern auch überall.

Mein besonderer Dank gilt Stefan Lenz, Christian Müller, Dorothea Müller, Peter Porzig sowie Reettakaisa Sofia Salo, die das Manuskript gelesen, teilweise scharf kritisiert und mich so vor mancher Fehleinschätzung bewahrt haben. Der Alltag mit meiner Tochter Aino erinnert mich immer wieder daran, wie viel auch wir Jüngeren noch zu tun haben, wenn es zwischen den Generationen einmal gerecht zugehen soll.

Über den Autor

JOHANNES MÜLLER-SALO, Dr. phil., geboren 1988, ist wissenschaftlicher Mitarbeiter am Institut für Philosophie der Leibniz Universität Hannover. Er arbeitet zu Fragen der politischen Philosophie, der allgemeinen und angewandten Ethik sowie der philosophischen Ästhetik. Bisherige Veröffentlichungen im Reclam Verlag: *Klima, Sprache und Moral. Eine philosophische Kritik* (2020); als Herausgeber: *Gewalt. Texte von der Antike bis in die Gegenwart* (2018).